AF453649

PRINCIPES

DE LA

FORTIFICATION ANTIQUE

DEPUIS LES TEMPS PRÉHISTORIQUES JUSQU'AUX CROISADES

POUR SERVIR AU CLASSEMENT DES ENCEINTES

dont le sol de la France a conservé la trace

PAR

M. G. DE LA NOË

Colonel du Génie

(Extrait du Bulletin de Géographie historique et descriptive, 1880, n° 4)

PARIS

ERNEST LEROUX, ÉDITEUR

28, RUE BONAPARTE, 28

1890

ANGERS, IMP. BURDIN ET Cie, RUE GARNIER, 4

PRINCIPES

DE LA

FORTIFICATION ANTIQUE

DEPUIS LES TEMPS PRÉHISTORIQUES JUSQU'AUX CROISADES

POUR SERVIR AU CLASSEMENT DES ENCEINTES

dont le sol de la France a conservé la trace

PAR

M. G. DE LA NOE

Colonel du Génie

Extrait du Bulletin de Géographie historique et descriptive, 1889, n° 1

PARIS

ERNEST LEROUX, ÉDITEUR

28, RUE BONAPARTE, 28

1890

PRINCIPES DE LA FORTIFICATION ANTIQUE

DEPUIS LES TEMPS PRÉHISTORIQUES JUSQU'AUX CROISADES

POUR SERVIR AU CLASSEMENT DES ENCEINTES

dont le sol de la France a conservé la trace

PAR M. LE COLONEL DU GÉNIE G. DE LA NOË

(Suite)

FORTIFICATION ROMAINE

On divise les *ouvrages de fortification* ou plus simplement la *fortification*, en deux catégories bien distinctes, savoir :

La *fortification passagère* ou *de campagne*, construite le plus souvent en terre et au moment du besoin, dont la durée, parfois très courte, ne dépasse pas le cours d'une campagne ;

La *fortification permanente*, construite ordinairement à l'avance et destinée, par les soins apportés à sa construction et par la nature des matériaux employés, à une durée pour ainsi dire illimitée.

Cette division, qui est celle des ingénieurs modernes, s'applique à la fortification de toutes les époques. Car si le perfectionnement des engins de destruction a conduit à modifier les profils et les tracés, il n'a rien changé à leur classification générale qui correspond aux mêmes nécessités : protection des armées en campagne, pendant la marche ou en présence de l'ennemi, et défense du territoire.

Nous n'avons pas eu besoin de faire la distinction à propos de la fortification gauloise qui ne comprend que des oppidums, c'est-à-dire des ouvrages permanents. Il n'en est plus de même de la fortification romaine où les deux genres se rencontrent, comme nous allons le voir.

La *fortification passagère*, chez les Romains, comprenait :

1° Des *camps passagers*, *castra*, établis pour une nuit ou pour un petit nombre de jours, destinés, soit à assurer le repos de l'armée, soit à mettre les bagages en sûreté pendant une bataille, soit enfin à permettre au général de choisir l'heure et le moment convenables pour engager la lutte.

2° Des *camps de stationnement*, *castra statica*, où les légions s'installaient après une campagne, en quartiers d'hiver généralement, *hiberna*, pour maintenir les nations vaincues, en attendant la reprise des opérations.

3° Des *postes fortifiés*, *castella*, diminutifs des ouvrages précédents, défendus par une garnison restreinte, construits dans le but, soit de protéger momentanément un détachement en marche, soit de surveiller pendant une campagne et de tenir les routes par lesquelles arrivaient les approvisionnements.

4° Des *redoutes*, *castella* et aussi *praesidia*, construites en dehors des camps ou sur les lignes de défenses pour les renforcer.

5° Des *tours*, *turres*, construites en bois, pour défendre ou surveiller quelques points particuliers, tels que gués, ponts, sources, etc.

À cette nomenclature il convient évidemment d'ajouter :

6° Les *lignes* élevées autour des places assiégées.

7° Enfin, certaines défenses accessoires, telles que fosses secrètes, trous de loups, etc.

La fortification permanente comprenait :

1° Des *villes fortifiées*, c'est-à-dire des centres d'habitations, voisins ou non de la frontière, qu'une enceinte de murailles, défendue par la population elle-même, mettait à l'abri des tentatives de l'ennemi.

2° Des *camps permanents*, *castra* et *castella assidua*, occupés par des soldats et entourés d'une enceinte en maçonnerie, de façon à présenter une durée pour ainsi dire indéfinie.

3° Des *tours en maçonnerie*, abritant une faible garnison, destinées à relier les camps permanents de la frontière ou à surveiller quelque passage important.

4° Enfin ces *grandes lignes de défense* continues, ou *remparts limites*, que les Romains élevaient sur les frontières de leur empire, lorsqu'ils n'étaient pas séparés des Barbares par un cours d'eau.

Nous allons étudier ces divers ouvrages et justifier à mesure les dénominations que nous avons adoptées.

FORTIFICATION PASSAGÈRE

1° et 2° *Camps passagers et camps de stationnement.*

Nous réunirons ces deux genres d'ouvrages dans un même chapitre parce qu'il est assez difficile de fixer la ligne de démarcation qui les sépare. D'une façon générale, les camps passagers, établis pour une nuit ou pour un séjour de très courte durée, présentaient des reliefs beaucoup moins considérables que les camps de stationnement, destinés à abriter les légions pendant tout un hiver ; cependant dans certaines circonstances, en présence d'un ennemi très supérieur en nombre, César a donné aux premiers un profil exceptionnel, égal, sinon supérieur, à celui des camps de stationnement. Les camps passagers et les camps de stationnement étaient assujettis d'ailleurs aux mêmes conditions de tracé et d'assiette.

Enfin les mêmes matériaux entraient dans leur composition. Ce sont autant de raisons pour les réunir dans une même étude.

Le mot *castra* employé par les auteurs latins jusqu'au vi⁰ siècle a plusieurs acceptions : de là des confusions faciles. D'une façon générale il désigne l'emplacement où les troupes sont campées et rien de plus. Dans le langage moderne il pourrait être traduit par *campement* et parfois par *bivouac*. Lorsque le campement est entouré d'une enceinte défensive, il devient un *campement fortifié* ou *camp*. En général les auteurs ont eu soin de faire la distinction : *Castra munire jussit ; castris munitis ; castra communit*, dit César[1]. Hirtius marque mieux encore la différence, lorsqu'il écrit : *castrisque eo metatis, muniri jubet castra*[2]. Pour éviter toute confusion il nous paraît donc nécessaire de réserver le mot *camp* pour désigner les *campements fortifiés*, ou mieux encore de dire *camps fortifiés*[3]. Parmi ces camps il en existait de plusieurs sortes que nous allons énumérer.

---

[1] *De B. G.*, I, 49; II, 12; V, 49 et *passim*.

[2] *De B. G.*, VIII, 14.

[3] Nous avons déjà fait cette remarque à propos de la fortification gauloise. Mais vu son importance à nos yeux, nous avons cru devoir la reproduire ici.

D'abord ceux construits pour une nuit, ou pour une durée de quelques jours[1]. Hygin les appelle *castra æstivalia*, mot à mot : *camps d'été*, parce que c'était ordinairement à cette époque que les Romains faisaient leurs expéditions. Mais cette appellation ne serait pas assez générale : celle de *camp de campagne* conviendrait mieux, le mot *æstivalis* ayant absolument le même sens que celui de *campagne* dans l'expression « *ouvrage de campagne* » de la fortification moderne. Cette dernière dénomination conviendrait même si elle n'était pas aussi générale. A toutes les appellations nous préférons celle de *camp passager*, dans laquelle le mot *camp* indique d'après notre convention un *campement fortifié*, tandis que l'épithète de *passager* rappelle bien l'objet auquel ce genre d'ouvrages était destiné, en même temps qu'il rentre dans la division générale de la fortification en *passagère* et *permanente*.

Viennent en second lieu les *camps de stationnement* « in quibus manendum est », dit Végèce; *castra statica*, suivant le même auteur, élevés pour l'été ou pour l'hiver, ajoute-t-il; camps cependant destinés à une occupation *temporaire*, et construits, dès lors, principalement en terre[2]. L'appellation de *camps de stationnement* est pour ainsi dire calquée sur celle de *castra statica*, et répond parfaitement à l'usage qu'on faisait de ce genre d'ouvrages.

En troisième lieu il y avait ce que nous avons appelé *camps permanents*, *castra* simplement, dans les auteurs latins ; enceintes élevées pour la défense de la frontière et construites en maçonnerie, en vue d'une durée illimitée[3]. Occupés uniquement par des soldats, ces ouvrages ne sauraient être confondus avec les *places fortes*. Le nom de *camp* leur convient absolument; mais pour les

---

(1) Tel fut le camp de César à la poursuite des Helvètes, tel celui construit au delà de l'Aisne, et beaucoup d'autres que mentionnent les *Commentaires*. Tel, à une autre époque, celui que Julien fit élever sur les bords du Rhin pour en forcer le passage. Am. Marc., XVIII, 2.

(2) Postérieurement à la conquête les camps de stationnement ne furent plus employés par les Romains à l'intérieur de la Gaule. En revanche, César en fit un grand usage pendant le cours de ses campagnes. Il les énumère avec soin dans ses *Commentaires* et s'il ne nous en donne pas la position exacte, il nous indique du moins les régions dans lesquelles il les avait établies. Les plus célèbres, grâce aux attaques qu'ils eurent à soutenir, sont ceux de Sabinus chez les Unelles et de Cicéron chez les Nerviens.

(3) Tels étaient les camps permanents de Bonn, de Neuss, de Vetera, dès le début de l'occupation romaine (Tacite). Telle devait être l'enceinte citée par Ammien Marcellin sous le nom de *Castra Constantia*.

distinguer des autres camps il faut une épithète qui rappelle leur principale propriété, savoir la durée ou la permanence, et nous les appelons *camps permanents*.

Enfin il y avait les *camps d'occupation* ou *castra praesidiaria*, comme les appelle Ammien Marcellin[1], de *praesidium*, dont le sens principal est « troupes de garnison, de surveillance ou d'occupation ». Ces camps établis au delà de la frontière ne différaient évidemment des camps permanents que par l'usage spécial auquel ils étaient destinés[2].

Les camps permanents et les camps d'occupation doivent être rangés parmi les ouvrages de la fortification permanente ; nous les étudierons plus tard. Pour le moment nous traiterons uniquement des camps passagers et des camps de stationnement.

Objet des camps passagers. — Les Romains employaient les camps passagers en vue d'obtenir divers avantages dont nous allons citer les plus importants.

1° Le principal était de permettre aux armées en campagne de reposer en paix à l'abri de leurs retranchements. C'est cette considération que Végèce met en première ligne lorsque se plaignant de l'abandon dont les camps étaient l'objet à son époque, il demande qu'on y revienne. Les Romains des premiers temps de l'occupation ne manquèrent jamais à l'observation de ce précepte. Cependant cette précaution n'était nécessaire qu'en présence de l'ennemi et l'on ne saurait admettre qu'en territoire ami les Romains se soient assujettis à des travaux inutiles[3]. Dans ce cas, ainsi que le dit Hygin[4], on se contentait, et dans l'intérêt de la discipline uniquement, d'entourer le campement d'un petit fossé, lequel n'était évidemment qu'une limite imposée à la garnison.

2° Les camps passagers avaient parfois pour principale utilité

---

(1) XXVIII, 2.

(2) Nous aurions pu nous dispenser à la rigueur d'en former une quatrième catégorie ; mais nous pensons qu'il y a intérêt à multiplier ces dernières pour l'entente et la traduction des auteurs anciens.

(3) Cette opinion se trouve confirmée par un passage de Tacite. Cet auteur, après nous avoir dit que Cerialis, vainqueur de Civilis, s'était établi à Trèves, nous montre ce général, sous la pression de menaces nouvelles, ordonnant à son armée d'entourer son camp d'un fossé et d'un retranchement, tandis qu'auparavant elle avait eu la témérité de camper sans cette précaution « quis temere antea intutis consederat ». Tac., *Hist.*, IV, 75.

(4) *De munit. castr.*, « Fossa loco securiori causa disciplinae. »

de mettre à l'abri, pendant une bataille, les bagages et les *impedimenta* de toutes sortes dont on pouvait ainsi assurer la conservation à l'aide d'un petit nombre de soldats, tandis que les légions *combattaient en dehors* avec une plus grande liberté de mouvements. Mais ce serait une erreur de croire que ces camps constituassent un appui sur la ligne de bataille[1]. Il est bien évident que, en cas de défaite, ils eussent servi comme de *réduit* à la défense et permis de reprendre l'avantage[2]; mais, nous le répétons, les camps passagers n'étaient pas, à proprement parler, une fortification de champ de bataille et ils n'étaient pas destinés, en principe, à recevoir des combattants de première ligne. Dès lors, protégés par les lignes des *légions rangées en bataille sur le terrain extérieur*, ils n'avaient point besoin d'être établis sur des positions naturellement fortes ou d'un difficile accès[3].

3° Enfin les camps passagers avaient cet avantage considérable de permettre aux généraux de choisir l'heure et le moment favorable pour engager la lutte. L'assaut d'un retranchement, même de faible importance, est une opération délicate et exige des préparatifs qui, lorsque la position a été bien choisie, s'opposent aux surprises. Un camp passager était donc un asile assuré où les troupes reposaient en paix et dont elles sortaient pour offrir la bataille lorsque le moment était venu[4].

(1) César, après avoir passé l'Aisne, fortifia son camp, y laissa en réserve deux légions récemment levées, et mit les autres en bataille sur le terrain extérieur. *De B. G.*, II, 8.

Dans sa campagne contre Arioviste, César tint, pendant cinq jours consécutifs, son armée rangée en bataille devant le camp, afin que, si Arioviste voulait combattre, l'occasion ne lui manquât pas. *De B. G.*, I, 48.

Tacite de son côté nous dit que Vocula arrivé devant Vetera, qu'il voulait débloquer, entoura son camp d'un fossé et d'un rempart, parce qu'il pensait que ses troupes, débarrassées de leurs bagages, combattraient plus librement. Tac., *Hist.*, IV, 34. Et une foule d'autres exemples que l'on pourrait citer.

(2) C'est ainsi que pendant la bataille que César livra sur la Sambre aux Nerviens et à leurs alliés, le camp des Romains, tombé un instant au pouvoir des ennemis, devint le centre d'une lutte acharnée qui se termina par la déroute de ces derniers. *De B. G.*, II, 23 et suivants.

(3) Nous ne voulons pas dire que les Romains n'aient jamais établi leur camp dans de pareilles positions ; mais ce ne fut certainement que dans des circonstances très rares et pour des raisons spéciales qu'il serait facile de déterminer dans chaque cas.

(4) Nous en avons déjà cité plusieurs exemples; mais nous ne pouvons résister au plaisir de rappeler que César, avant d'abandonner le siège de Gergovie,

Objet des camps de stationnement. — Ces camps étaient destinés à protéger, pendant tout un hiver[1], généralement, les troupes établies au milieu d'un territoire ennemi ou incomplètement soumis. Exposés dès lors à être enveloppés de toutes parts par un ennemi supérieur en nombre et à soutenir parfois des sièges d'une durée assez longue, ils devaient satisfaire à des conditions de résistance spéciales. Cependant, comme nous le verrons plus loin, leur situation ne différait guère de celle des camps passagers, et l'on y suppléait à l'absence de défenses naturelles par un profil plus fort et par une organisation spéciale du parapet.

Assiette des camps passagers. — Hygin, qui ne parle en somme que des camps de cette espèce, nous donne des détails circonstanciés sur les conditions auxquelles ils devaient satisfaire au point de vue de l'*assiette*. « Chaque fois, dit-il, que les nécessités de la lutte n'obligent pas à occuper des emplacements déterminés[2], on établira les camps sur la *pente douce* d'une colline dominant de toutes parts le terrain environnant. Quelle que soit d'ailleurs leur position, ils doivent avoir sur un de leurs côtés une rivière ou une source. » Puis il prescrit « d'éviter à tout prix certains emplacements désavantageux que les anciens appelaient des *marâtres*, *novercæ*, tels que ceux dans lesquels le camp serait dominé de trop près par une hauteur, ou ceux voisins d'une forêt qui pourrait dissimuler l'ennemi ; tels encore ceux établis à proximité de ravins ou de fossés dont les couverts favoriseraient les surprises, ou ceux enfin qui pourraient être inondés par la crue subite d'un torrent »[3].

Végèce fait des recommandations à peu près identiques : il y ajoute celle de choisir des emplacements où l'on puisse trouver le bois et le fourrage en abondance[4].

rangea ainsi ses légions devant leurs camps, comme par une dernière bravade, destinée à faire croire à l'ennemi qu'il était disposé à combattre, alors qu'il ne songeait qu'à la retraite.

(1) C'est pour cela que les auteurs les désignent sous le nom de *castra hiberna*, quartiers d'hiver.

(2) Les camps établis dans des positions obligées étaient appelés *castra necessaria*. Nous trouvons un exemple de cette dénomination dans les *Commentaires* : VII, 83, « necessario pæne iniquo loco et leniter declivi castra fecerant. » Le camp dont il est question était un de ceux établis autour d'Alise, où César n'avait pas absolument le choix de son emplacement.

(3) Hyginus, *De munitione castrorum.*

(4) Ces deux auteurs donnaient des préceptes que César avait mis constam-

Assiette des camps de stationnement. — Les prescriptions relatives à l'assiette des camps passagers s'appliquent également à celle des camps de stationnement. Végèce, en effet, parlant spéciale- ment de ces derniers[1], répète ce qu'il a dit au sujet de l'assiette des premiers. Mais il y ajoute une recommandation nouvelle qui est pour nous d'un grand intérêt[2], à savoir qu'il faut éviter de placer les camps dans des positions escarpées, ou d'un difficile accès et qui ne permettent pas de faire facilement des sorties contre l'ennemi qui les entoure[3].

En considérant que les camps de stationnement étaient exposés à des attaques formidables, auxquelles ils ne pouvaient opposer qu'un nombre relativement restreint de soldats, on aurait pu s'attendre à une recommandation toute différente : on voit qu'il n'en est rien. C'est que les Romains qui avaient d'ailleurs la plus grande confiance dans la force défensive de l'enceinte de leurs camps[4], savaient aussi que seule l'offensive pouvait à un moment donné leur assurer la victoire et ils s'en réservaient avec soin la possibilité[5].

ment en pratique. Ce dernier décrit en effet de la sorte la situation de son camp sur la Sambre. : « Au point choisi pour y placer notre camp, le site pré- sentait la disposition suivante : nous étions sur une colline dont le penchant s'abaissait uniformément jusqu'à la Sambre » *De B. G.*, II, 18. De même à propos du camp sur l'Aisne : « La colline basse où le camp était établi s'éten- dait devant nous autant que l'exigeait le front de bataille : les côtés étaient en pente et en avant du front elle présentait une pente douce qui se raccordait insensiblement avec la plaine. » II, 18, *De B. G.*)

En revanche, Hirtius signale par ces mots, un camp établi dans de mauvaises conditions : « procul ab aquâ et naturâ iniquo loco. » (*De B. civ.*, I, 81.)

(1) « Consequens videtur... ad castrorum (in quibus manendum est) venire rationem. » Liv. III, cap. VIII.

(2) Cette condition était implicitement contenue dans les premières; mais Végèce en la développant ici montre combien elle était essentielle. Nous ne saurions trop insister sur ce fait qui prouve combien on aurait tort d'attribuer aux Romains des camps établis sur des positions escarpées. Pour la même raison, lorsque les auteurs latins nous parlent d'un camp placé « in opor- tuno loco » par exemple, il faut se garder de traduire l'expression par « lieu inaccessible » on doit en conclure simplement que le camp satisfaisait aux conditions générales d'une *bonne assiette*, telles que les indiquent Hygin et Végèce.

(3) « Ne sit in abruptis ac deviis, et circumsedentibus adversariis difficilis praestetur egressus. » Végèce. *De re mil.*, III, 8.

(4) « Quantasvis, magnas etiam, copias Germanorum sustineri posse munitis castris docebant. » *De B. G.*, V, 28.

(5) C'est en vertu de ce principe que César devant Alise ordonna à Labienus.

Cette considération jointe à la nécessité d'avoir en abondance et à proximité l'eau, le fourrage et le bois, les conduisit sans cesse à établir leurs camps sur des terrains en pente douce, sinon en plaine. Or ces terrains correspondent généralement à ceux qui sont les plus favorables à la culture : doit-on s'étonner dès lors, quand on voit la pioche du cultivateur attaquer de nos jours, pour les mettre en culture, des côtes ingrates et rocailleuses, à défaut de terres plus propices, si les enceintes des camps romains, qui avaient été élevées sur ces dernières, ont depuis longtemps disparu de notre territoire[1]?

Étendue des camps passagers de stationnement. — Il est évident que *l'étendue minimum* des camps passagers et de stationnement était fixée par la condition de contenir les troupes destinées à y loger. Mais on peut se demander s'il y avait une relation nécessaire entre cet effectif et le développement de l'enceinte[2], de telle sorte qu'à un même nombre d'hommes aurait toujours correspondu la même surface totale pour le camp. Si on ne consultait que Polybe et Hygin la réponse ne serait pas douteuse : ces auteurs, en effet, après nous avoir décrit les dispositions des tentes et des rues, nous disent que le *vallum* était tracé à une distance *constante* de la ligne extérieure du campement, savoir à 200 pieds de distance du temps de Polybe, à 60 seulement du temps d'Hygin. Le campement et l'enceinte formaient donc deux lignes parfaitement semblables et de la surface de l'un résultait forcément celle de l'autre. Cette relation étroite est parfaitement naturelle lorsqu'il s'agit des camps carrés ou rectangulaires,

s'il ne pouvait soutenir l'assaut dans son camp, de sortir pour attaquer l'ennemi. *De B. G.*, VII, 86.

(1) Les enceintes des diverses époques qui ont résisté jusqu'à ce jour à la démolition sont précisément celles qui se trouvent situées sur des terrains rocheux ou dans des bois que la culture a respectés. On en rencontre quelquefois cependant au milieu des terres labourées; c'est qu'alors les terrains environnants sont pauvres et les profils de l'enceinte trop considérables pour qu'il y ait eu quelque intérêt à faire disparaître celle-ci.

(2) Les ingénieurs militaires modernes déterminent la longueur des crêtes à donner à leurs ouvrages de fortification par le nombre des défenseurs dont ils disposent. Il ne semble pas que les Romains aient fait entrer cette considération en ligne de compte : ou peut-être l'expérience leur avait-elle montré que l'enceinte déterminée par d'autres considérations ne dépassait jamais les limites qui convenaient à une bonne défense.

comme l'étaient ceux des auteurs que nous venons de citer; mais elle ne pouvait pas exister dans les camps à enceintes triangulaires, rondes ou demi circulaires dont Végèce admet l'emploi. Dans ces camps la forme de l'enceinte était déterminée par celle du terrain et indépendante de la disposition des tentes. Aussi la recommandation que fait Végèce de proportionner l'enceinte au nombre des défenseurs[1] avait-elle ici sa raison d'être et c'était elle qui en fixait l'étendue. La surface totale de ces camps dépendait donc de la disposition du sol et nous n'avons aucun élément pour la calculer avec précision. En revanche le calcul est facile pour les camps réguliers de Polybe et d'Hygin, comme nous allons le voir.

Polybe nous donne avec assez de détails la disposition des tentes et des rues dans un campement de deux légions pour qu'il soit possible d'en reproduire le tracé à peu près exact. Schelius et Lipsius qui l'ont essayé[2] sont arrivés à donner à l'enceinte, le premier la forme d'un carré parfait de 612 mètres environ de côté, le second celle d'un rectangle très peu différent du carré de 594^m,6 de largeur, sur 606^m,8 de profondeur[3].

Hygin nous donne le détail d'un camp de trois légions. Son enceinte rectangulaire a 479 mètres de largeur sur 683 mètres de profondeur[4]. Au premier abord la disproportion entre les deux tracés est considérable; mais elle diminue lorsqu'on ne considère que la surface occupée réellement par les tentes. Chez Polybe, en effet, l'intervalle qui sépare les tentes du *vallum* est de 200 pieds, au lieu de 60 seulement comme le demande Hygin. Les rues, dans le tracé du premier, sont également plus larges. En tenant compte de ces différences et ne considérant que les surfaces couvertes par les tentes et par quelques accessoires, on trouve que celles-ci sont entre elles sensiblement dans le rapport de 2 à 3, qui est celui du nombre des légions.

En partant de cette remarque et en discutant les conditions générales du problème, nous avons calculé l'étendue du camp d'une légion dans le système de Polybe et nous sommes arrivé à trouver qu'il devait présenter 24 hectares 1/2 environ de surface, lorsqu'on lui donnait un front égal à celui du camp de deux légions,

(1) *De re mil.*, liv. III, cap. VIII.
(2) Voir fig. 1.
(3) En pieds, 2,070, 2,009, et 2,050 exactement.
(4) En pieds, 1,620 et 2,320 exactement.

savoir 594m,96. Dans ce cas la profondeur était égale à 410m,45 et
le rectangle ainsi formé avait des côtés dont les longueurs étaient
sensiblement dans le rapport de 3 à 2, c'est-à-dire qu'il correspondait à la forme des camps appelés *tertiata*, que, suivant Hygin
et Végèce, on considérait comme les plus beaux[1].

Voici du reste le tableau des différentes dimensions et des surfaces des camps de trois, de deux et d'une légion, telles que les
donnent Polybe et Hygin pour les deux premiers, et nos calculs
pour le dernier.

	LARGEUR	LONGUEUR	SURFACE	EFFECTIF et OBSERVATIONS
1° Camp de 3 légions d'Hygin	479,5 m	683,7 m	39,78 hect.	
2° Camp de 3 légions d'Hygin modifié : les largeurs des rues et de l'espace compris entre les tentes et le *vallum* sont celles de Polybe.	594,96	802,1	47,72 a	
3° Camp de 2 légions de Polybe :				
Tracé de Lepsius . . .	612,7	612,7	37,54	Environ 20,000 hommes.
Tracé de Schelius. . .	594,6	606,8	36, " b	Id.
4° Camp de 1 légion de Polybe, d'après nos calculs.	594,96	410,51	24,42 c	

On remarquera que les surfaces. . . . . . . *a*, *b* et *c*,
qui correspondent respectivement aux camps
occupés par . . . . 3, 2 et 1 légions,
sont entre elles dans un rapport simple, savoir :: 4 : 3 : 2
ce qui prouverait que dans le camp d'une légion la moitié de

(1. « Castra in quantum fieri potest, tertiata esse debebunt... Hoc dixi tertiata :
ut puta, in longum pedes duo millia quadringenti, in latum mille sexcenti »
(Hygin). Végèce dit de son côté : « Tamen pulchriora creduntur, quibus
ultra latitudinis spatium tertia pars additur longitudini. » *De re mil.*, III, VIII.

l'espace était occupé par les rues diverses et certains accessoires dont le nombre n'augmentait pas avec l'effectif. L'autre moitié seule, soit 12 hectares, était affectée aux tentes des soldats et de leurs chefs. Chaque légion nouvelle augmentait la surface totale de cette même quantité : dès lors le camp de deux légions couvrait $24 + 12 = 36$ hectares; celui de trois légions, $36 + 12 = 48$ hectares. Celui de quatre légions aurait occupé $48 + 12 = 60$ hectares, s'il était permis de généraliser ainsi les résultats.

Les chiffres que nous venons de donner ne sont évidemment pas absolus. Rien ne prouve que les camps étaient toujours tracés suivant des règles invariables. Nous savons au contraire que dans certains cas on resserrait les tentes. César en agit de la sorte en présence de l'ennemi pour lui dissimuler l'étendue de ses ressources et lui inspirer une confiance trompeuse[1]. Nous voyons en outre que du temps d'Hygin les règles adoptées n'étaient plus celles de Polybe et que le changement était assez grand pour qu'un camp de trois légions occupât moins de surface que le camp de deux légions tracé suivant l'ancienne méthode. Il est donc impossible d'après l'étendue d'une enceinte de calculer avec certitude l'effectif des troupes qu'elle contenait. Aussi les calculs auxquels nous nous sommes livré doivent-ils servir seulement à donner les limites entre lesquelles il convient de se tenir.

Enfin l'étendue des camps passagers et celles des camps de stationnement, pour un même effectif, n'était vraisemblablement pas la même : dans les premiers, le soldat, couché sous la tente, occupait moins de place que dans les seconds où il était établi dans des baraques. De plus, à cause du long séjour qu'on y faisait, pour donner plus d'espace au soldat et surtout pour y loger tout le matériel et les approvisionnements réunis en vue d'un siège de quelque durée, on devait en augmenter les dimensions générales.

Du nombre des légions que les Romains faisaient camper dans une même enceinte. — Le nombre des légions qui campaient dans une même enceinte était très variable. En *quartiers d'hiver*, elles campaient d'ordinaire isolément[2]. En marche, parfois elles formaient

---

(1) « Angustiis viarum quam maxime potest contrahit castra, eo consilio, ut in summam contemptionem hostibus veniat. » *De B. G.*, V. 49.

(2) Les exemples en sont fréquents dans la *Guerre des Gaules*...

des camps séparés; mais parfois elles se réunissaient en un seul. Polybe nous a montré le camp de deux légions, Hygin celui de trois[1]; mais ces nombres étaient quelquefois bien dépassés s'il faut en croire Dion Cassius. D'après cet auteur, Auguste et Antoine, à Philippes, firent camper leurs trois corps d'armée dans un même retranchement[2]. Or, suivant Appien, ces troupes comprenaient dix-neuf légions et treize mille cavaliers. Il faut évidemment considérer ce fait comme une exception, parce que rarement les Romains opéraient avec des forces aussi considérables[3]. En revanche nous pensons que les camps de deux et même de trois légions n'étaient pas rares.

Tracé des camps passagers et des camps de stationnement. — Ce qui caractérise les camps romains de la bonne époque[4], c'est la *régularité* et l'*invariabilité* de leur tracé. Ce caractère a frappé tous les auteurs anciens. Frontin nous dit que les Romains après avoir vaincu Pyrrhus, s'emparèrent de son camp et, qu'en ayant remarqué l'*ordre* et la *disposition*, ils en vinrent peu à peu au mode de campement usité de son temps[5]. Polybe est plus formel encore : « Les Romains, dit-il, ont suivi une voie tout opposée à celle des Grecs; car chez ceux-ci, quand il s'agit de camper, le lieu le plus fort par sa situation est toujours celui qu'ils choisissent, tant pour s'épargner la peine de creuser un fossé autour

(1) Tacite en cite un exemple, *Ann.*, I, 16.

(2) Dion Cassius, XLVII, 37.

(3) Végèce nous dit, en effet, que les anciens, instruits par l'expérience, se souciaient moins de mettre sur pied de grandes armées que de les avoir bonnes et bien dressées. Ils comptaient, ajoute-t-il, qu'une légion avec quelques troupes auxiliaires, c'est-à-dire 10,000 hommes de pied et 2,000 chevaux pouvaient suffire pour une guerre légère. Mais, quand il fallait combattre un ennemi puissant, on faisait marcher 2,000 hommes d'infanterie et 4,000 chevaux... Dans les cas de soulèvements extraordinaires on mettait deux armées en campagne. Vég., *De re mil.*, lib. III, cap. 1.

(4) Si nous faisons cette réserve, c'est que Végèce, comme nous le verrons, est en contradiction sur ce point avec Polybe et Hygin.

(5) « Anciennement, dit Frontin au début de ce passage, les Romains campaient sous des tentes répandues çà et là par cohortes, comme des cabanes, car on ne savait alors fortifier que les murs des villes. Pyrrhus, roi des Épirotes, fut le premier qui tint une armée réunie dans l'enceinte d'un même retranchement » (*Stratag.*). Ce serait à lui que les Romains auraient emprunté l'usage de retrancher leur camp, qui remonterait par conséquent à l'an 270 environ av. J.-C.

du camp que parce qu'ils se persuadent que les fortifications
faites par la nature même sont beaucoup plus sûres que celles
de l'art : de là vient la nécessité où ils sont de donner à leur camp,
selon la nature des lieux, toutes sortes de formes, et d'en varier
les différentes parties[1]; ce qui cause une confusion qui ne permet
pas au soldat de savoir au juste ni son quartier, ni celui de son
corps : au lieu que les Romains comptent pour rien la peine de
creuser le fossé et les autres travaux, en comparaison de la facilité et de l'avantage qu'ils trouvent à camper *toujours de la même
façon*[2]. »

Polybe, Hygin et Josèphe ne mentionnent d'ailleurs aucune autre
forme de l'enceinte que celles du carré et du rectangle. Seul
Végèce introduit des formes nouvelles, dans deux passages souvent cités de son livre. Dans le premier, qui semble se rapporter
uniquement aux camps passagers, il dit : « On fera les camps soit
carrés, soit triangulaires, soit demi circulaires, suivant que le
réclamera la disposition des lieux[3]. » Dans le second, qui semble
surtout relatif aux camps de stationnement, nous lisons : « On
trace l'enceinte du camp et, suivant les nécessités du lieu, on lui
donne une figure carrée, ou ronde, ou triangulaire, ou oblongue.
Car la forme importe peu pour la valeur de l'ouvrage. Cependant on estime que les plus beaux sont ceux dont la profondeur
excède d'un tiers la largeur[4]. » Ainsi Végèce mettait encore en
première ligne les camps rectangulaires et carrés; mais il admettait également des enceintes irrégulières, dont aucun de ses pré-
décesseurs ne fait mention.

Il nous semble légitime de conclure de ce qui précède que les
Romains des premiers siècles ne construisirent que des camps
rectangulaires ou carrés : c'était la bonne époque. Plus tard ils

----

(1) Ne dirait-on pas en lisant cette description, qu'il s'agit des oppidums de
la Gaule ? La même opposition existe en effet entre ces derniers et les enceintes
romaines et l'on serait porté à croire que la tradition gauloise en fait de fortification était venue des Grecs, ou du moins avait la même origine.

(2) Polyb., lib. VI, cap. VII.

(3) « Interdum autem quadrata, interdum trigona, interdum semirotunda,
prout loci qualitas aut necessitas postulaverit, castra facienda sunt. » *De re mil.*,
I, 23.

(4) « ... pro necessitate loci vel quadrata, vel rotunda, vel trigona, vel oblonga
castra constitues. Nec utilitati praejudicat forma. Tamen pulchriora creduntur,
quibus ultra latitudinis spatium tertia pars additur longitudini. » *De re mil.*,
III, 8.

ont pu admettre les formes les plus variées ; mais même alors ils considéraient la forme rectangulaire comme la plus belle, et ils l'employèrent chaque fois que la disposition des lieux le permit.

Il est certainement intéressant de rechercher comment et à quelle époque a pu s'introduire le tracé irrégulier.

Végèce écrivait vers la fin du IVe siècle, c'est-à-dire à une époque où la décadence des légions était fortement accentuée : les soldats qui les composaient étaient pour le plus grand nombre des Barbares ou des étrangers ; de même les généraux qui les commandaient. On est donc fondé à croire que des usages nouveaux ont pu s'introduire alors. D'autre part l'empire employait à cette époque, en plus grand nombre qu'autrefois, non plus des auxiliaires mais des alliés dont la discipline différait essentiellement de celle des légions : ces peuples plus ou moins barbares conservaient leurs usages et, en particulier, ils campaient en masses désordonnées : l'enceinte de leur camp ne pouvait donc présenter aucune régularité. C'est sans doute à ces mœurs nouvelles que Végèce se crut obligé de faire une concession[1].

Ce serait donc vers la fin du IVe siècle seulement qu'auraient pu s'élever en Gaule des enceintes irrégulières que l'on puisse, *à la rigueur*, considérer comme des *camps romains*. Mais rien ne nous prouve qu'il en ait été réellement construit de cette espèce. Dans tous les cas on ne saurait les chercher sur les *positions escarpées ou d'un difficile accès*, comme on l'a fait souvent : *Végèce lui-même en proscrit formellement l'emploi*.

En résumé, on ne peut pas dire : « Tous les camps romains étaient rectangulaires ou carrés » ; mais on ne peut pas avancer davantage qu'à toutes les époques les camps ont pu présenter les

____

(1) Depuis plusieurs années déjà on ne fortifiait plus les camps. Végèce ne pouvait donc faire allusion à des enceintes régulières construites à son époque. Mais il voyait comment les alliés campaient et il ne pouvait espérer leur imposer une méthode, une régularité absolument contraires à leurs habitudes : alors il admit toute espèce de tracé, considérant que la première chose était d'entourer le campement d'une enceinte. Cette concession, du reste, n'avait rien de dangereux. En réalité l'ordre et l'invariabilité étaient surtout utiles dans la disposition des tentes ; mais au point de vue de la défense uniquement, il n'en était pas de même : au contraire, un tracé bien adapté au terrain était préférable. C'est à ce point de vue que Végèce a raison de dire « que la forme des camps n'en détermine pas la bonté ». Seulement il aurait dû ajouter « pourvu qu'elle soit convenablement adaptée au terrain ».

formes les plus variées. Les camps des premiers siècles *étaient*
avant tout *réguliers* ; ceux de la fin de la période gallo-romaine
ont pu être quelquefois *irréguliers*. Ces derniers seraient une exception, une pratique nouvelle introduite dans les bas temps, par
suite de la prédominance dans les armées de l'élément barbare :
on ne saurait les considérer comme un progrès et il ne semble
pas juste de les décorer du nom de *camps romains ;* ou du moins,
si on garde cette appellation, il nous paraît nécessaire de la faire
suivre d'une épithète spéciale pour les distinguer des enceintes
de la bonne époque, en les appelant par exemple : *camps romains
de la décadence.*

Du moment que leur tracé avait les formes les plus diverses
nous n'avons pas à en rechercher les principes : le désordre n'a
pas de règles. Nous nous occuperons seulement des camps rectangulaires ou carrés. La régularité qui les distinguait résultait de
celle qui présidait à la répartition des tentes ou des baraques. En
arrivant sur l'emplacement choisi on plantait les enseignes destinées à marquer la place de chaque légion et de chaque cohorte :
le campement ainsi tracé couvrait la surface d'un carré ou d'un
rectangle suivant le cas. Tout autour on ménageait un espace
libre, de même largeur en chaque point, au delà duquel on construisait le retranchement. Cet espace, auquel Polybe donnait 200 pieds
de largeur et Hygin 60 seulement, servait à parquer le bétail et
à déposer certains approvisionnements[1]. Il avait pour objet également de faciliter les mouvements des troupes, en même temps
qu'il mettait les tentes hors de la portée des projectiles de l'ennemi :
Hygin le désigne sous le nom d'*opus*[2], c'est-à-dire l'*ouvrage*, avec
le sens que nous donnons à ce mot dans l'expression « ouvrage
de défense ». On l'appelait aussi *intervallum*[3], à cause de sa
situation entre le vallum et la ligne extérieure des tentes.

On voit quelle dépendance étroite existait entre les tracés du
campement et de l'enceinte : la régularité de celle-ci résultait de la
symétrie parfaite qui régnait dans la disposition des tentes. Il ne
faudrait pas cependant croire que cette perfection fût atteinte dans

---

(1) Les bois, par exemple, nécessaires pour l'organisation défensive du parapet,
et la construction des machines en cas de siège.

(2) « Opus quod est inter vallum et legiones, et ideo a quibusdam intervallum
est cognominatum. » C'est en quelque sorte la *rue du rempart* de la fortification moderne lorsqu'il s'agit de fortification permanente.

(3) On trouve clairement ici l'origine du mot *intervalle.*

la pratique : le tracé d'un camp se faisait souvent en présence de l'ennemi ; on ne disposait pas alors du temps et des instruments nécessaires pour obtenir une rigueur géométrique : aussi les enceintes devaient-elles présenter la forme d'un quadrilatère et non celle d'un carré ou d'un rectangle parfaits dont elles différaient d'autant moins du reste que l'opération du tracé avait été faite avec plus de soin et de succès [1].

Le tracé de l'enceinte présentait quelques dispositions accessoires que nous allons examiner.

Le nombre des portes qu'on y ménageait était généralement de quatre, une sur chacun des côtés. On appelait « porte prétorienne » celle qui faisait face à l'ennemi [2], ou qui était située du côté vers lequel l'armée devait marcher à l'ennemi [3]. La porte « décumane » était à l'opposé et au point culminant [4]. Sur chacune des faces latérales était ménagée une porte dite « principalis » d'après Hygin, et quelquefois deux, suivant le même auteur [5].

Ces portes, suivant Hygin, le seul auteur qui entre dans quelques détails à ce sujet, étaient couvertes, par un petit ouvrage construit à 60 pieds en dehors de l'enceinte et parallèlement à elle. Cette défense accessoire consistait parfois en un simple fossé qu'on appelait « titulus » à cause de son peu de longueur ; mais généralement elle était formée, comme l'enceinte, d'un fossé et d'un vallum : alors elle prenait le nom de « sancta » [6].

Les portes étaient encore défendues par une disposition spéciale de l'enceinte à laquelle Hygin donne le nom de « clavicula ». De l'un des côtés de la porte le vallum au lieu d'être nettement inter-

---

(1) On peut voir une irrégularité de ce genre dans le tracé du camp de César sur l'Aisne, dont les vestiges ont été retrouvés à la suite des fouilles ordonnées par l'empereur Napoléon III. Voir fig. 2.

(2) Hygin. Elle correspondait donc à ce que nous appelons aujourd'hui « le front de bandière ».

(3) Végèce. Le même auteur dit aussi de la placer parfois sur la face orientale du camp. Nous avouons ne pas comprendre la raison de cette prescription qui répond sans doute à quelque préoccupation religieuse. Le fait est intéressant à noter.

(4) Hygin. C'est ainsi que l'on place le réduit de la défense sur le point culminant et sur le côté que l'ennemi ne doit pas aborder en premier lieu.

(5) Dans ce cas on plaçait la seconde à hauteur de la *via quintana*. Voir fig. 1.

(6) La description, dans Hygin, de ce petit ouvrage, ainsi que de certaines autres dispositions spéciales, est très obscure ; cela tient aux lacunes et aux fautes des manuscrits. Aussi faut-il plutôt interpréter que traduire. C'est que nous avons essayé de faire.

rompu se retournait perpendiculairement vers l'intérieur du camp pour se continuer suivant la circonférence décrite du côté opposé comme centre, avec un rayon égal à l'ouverture. (V. fig. 2.) Grâce à cette disposition tout accès direct était interdit [1]. Le retour du vallum était d'ailleurs tracé de telle sorte que le soldat présentât de ce côté le flanc droit que ne protégeait pas le bouclier [2].

Enfin les angles de l'enceinte étaient arrondis. Suivant Hygin on les traçait du point de rencontre des lignes extérieures du campement comme centre, avec un rayon égal à la largeur de l'*opus*. Ni Polybe ni Végèce ne mentionnent ces diverses dispositions. Mais il est probable qu'elles étaient d'un emploi général [3] : si Polybe les a passées sous silence, c'est qu'il ne parle qu'accessoirement de l'enceinte ; il est tout naturel dès lors qu'il néglige ces détails. Quant à Végèce, il a évidemment la prétention d'être plus précis ; cependant il est certain qu'il se borne à une description sommaire : il n'est pas, comme Hygin, un géomètre décrivant en détail les choses de son métier.

Profil des camps passagers et des camps de stationnement. — **Nous** avons déjà dit qu'il était assez difficile de tracer une ligne de démarcation bien nette entre les camps passagers et les camps de stationnement. Cette observation est surtout vraie quand il s'agit du profil de l'enceinte. Il est certain que d'une façon générale les premiers étaient beaucoup moins fortifiés, mais il est non moins assuré que, dans certaines circonstances, on leur donnait des profils égaux, sinon supérieurs. C'est ainsi que le camp établi par César sur la rive droite de l'Aisne, lors de la première campagne contre les Belges, était entouré d'une enceinte dont le profil (V. fig. 3) était certainement l'un des plus forts que les Romains aient jamais employé [4]. De même le camp élevé pendant la lutte contre les Bellovaques et leurs alliés [5].

Les Romains pour fortifier leurs camps ne recouraient point

---

(1) Au moment d'une lutte on bouchait parfois les portes avec des gazons. *De B. G.*, V. 50., V, 51., VII, 41.

(2) « Ut intrantes semper detecti sint. » *Hygini De Castrametatione liber.*

(3) Le camp de Mauchamp confirme cette manière de voir. Ce camp établi par César sur les bords de l'Aisne est par conséquent bien antérieur à Hygin : on y trouve cependant l'arrondissement des angles et la « clavicula » des portes décrits par cet auteur. Voir fig. 9.

(4) *De B. G.*, II, 5.

(5) *De B. G.*, VIII, 9.

toujours à un vallum et à un fossé. Parfois, lorsque par exemple
le terrain était trop meuble pour qu'on pût y creuser un fossé
durable, on élevait un retranchement à l'aide de troncs d'arbres
munis de leurs branches[1] ; parfois aussi on se servait de matériaux de toutes sortes pour former l'obstacle[2]. Chaque fois, du
reste, que l'ennemi n'était point à redouter, on se contentait
d'entourer le camp d'un petit fossé, qui servait uniquement à
marquer la limite que les soldats ne devaient point dépasser[3].
Mais, en général, l'enceinte des camps était formée d'un fossé
et d'un vallum dont les dimensions variaient avec les circonstances. Il n'y avait donc pas, à proprement parler, un profil
réglementaire. Cependant il existait certaines limites qui ne
paraissent pas avoir été jamais dépassées. De plus il y avait une
grande similitude dans les divers profils. C'est ce maximum et
cette similitude qu'il nous importe de connaître et que nous
allons tenter de faire ressortir.

Le fossé. — Hygin nous indique deux espèces de fossés : dans
l'un, qu'il désigne sous le nom de *fossa fastigata*, les deux talus
également inclinés vers le fond se rencontraient suivant une
même ligne[4], rappelant ainsi la disposition d'un toit renversé ;
dans l'autre, d'origine punique, *fossa punica*, la section était également triangulaire, mais le talus le plus éloigné de l'enceinte
était vertical et l'autre incliné comme dans le cas précédent[5].

Le fossé d'Hygin étant de dimensions très restreintes, — 5 pieds
de largeur sur 3 de profondeur, — nous ne sommes pas en
droit de conclure de ces données que les fossés plus grands
avaient également une section triangulaire.

Végèce est muet sur ce point. Quant aux *Commentaires* ils nous
donnent une seule fois la forme du fossé, à l'occasion du camp
élevé par les Romains pendant la guerre contre les Bellovaques.
Dans cette circonstance César avait fait creuser en avant du

(1) « Cervuli, trunci ramosi. » (Hygin.)

(2) Dion Cassius nous parle d'un retranchement formé à l'aide d'embarca-
tions renversées, XLIX, 6.

(3) « Loco securiori causa disciplinae. » (Hygin.)

(4) « Fastigata dicitur fossa quae a summa latitudine lateribus devexis in
angustiam ad solum conjunctam pervenit. » Voir fig. 4.

(5) « Punica dicitur, quae latere exteriori ad perpendiculum dirigitur, contrario
devexo fit, quemadmodum fastigata. » Voir fig. 5.

retranchement un fossé de 15 pieds de largeur, *à parois verticales*[1]. Le soin que prend l'auteur du VIIIe livre de nous signaler cette disposition, nous paraît indiquer qu'elle avait été adoptée *exceptionnellement*, dans le but probablement d'augmenter la valeur de l'obstacle en proportion de l'importance des forces de l'ennemi. Avec des talus verticaux, en effet, le fossé présentait une cavité plus grande, *double* de celle des fossés ordinaires, — ce qui explique l'expression *fossam duplicem* employée par l'auteur, — plus difficile par conséquent à combler avant de donner l'assaut.

Il résulte en effet des fouilles qui ont été faites sur l'emplacement des camps construits pendant la conquête de la Gaule que même les plus grands fossés étaient *triangulaires*. Tel a été trouvé le fossé du camp de Mauchamp[2], le plus important peut-être qu'aient jamais construits les Romains : tel encore celui d'Avaricum, dont le profil se dessine très nettement sur le talus de la route qui conduit de Bourges à la caserne d'artillerie : tels enfin presque tous ceux retrouvés en si grand nombre, grâce aux fouilles exécutées aux environs de Gergovia et d'Alesia[3].

Les fossés à profil trapézoïdal se sont rencontrés également, mais beaucoup moins fréquemment et leur largeur au fond est d'ailleurs si faible qu'ils ressemblent plutôt à des fossés à section triangulaire que pour une raison ou pour une autre on n'aurait pas poussés à toute leur profondeur.

En revanche on n'a jamais retrouvés de fossés à la *mode punique* ; toujours les talus se sont montrés également inclinés vers le fond.

Enfin, nous trouverons plus loin, lorsque nous décrirons les *camps permanents* de la frontière du Rhin qui ont été l'objet de

---

(1) « Fossam duplicem, pedum quinum decem, lateribus directis deprimi. » *De B. G.*, VIII, 9. César parle encore d'un autre fossé à *parois verticales* construit devant Alesia : « Fossam pedum viginti directis lateribus duxit, ut ejus fossæ solum tantumdem pateret quantum summæ fossæ labra distarent. » *De B. G.*, VII, 72 ; mais il s'agit ici d'un fossé isolé, destiné à empêcher les attaques à l'improviste en retardant la marche de l'ennemi, et non pas d'un fossé contigu à un retranchement.

(2) C'est le camp construit par César sur la rive droite de l'Aisne, près de Berry-au-Bac, pendant sa lutte contre les Belges coalisés. *De B. G.*, II, 5. Voir fig. 2.

(3) Voir pour le détail de ces fouilles et pour celles du camp de Mauchamp *l'Histoire de César*, par Napoléon III, tome II, texte et planches.

fouilles si nombreuses, une nouvelle preuve de l'emploi constant des fossés à section triangulaire.

Il nous paraît donc acquis que le fossé était, *en règle générale*, triangulaire, et comme nous ne connaissons aucune autre époque où l'on ait employé cette disposition, les fossés des oppidums gaulois, des villes gallo-romaines et des châteaux forts du moyen âge étant tous, comme ceux de l'époque actuelle, à section trapézoïdale, nous sommes en droit d'en conclure que *la forme triangulaire des fossés est un trait distinctif et caractéristique de la fortification romaine*[1].

La *largeur* du fossé variait entre certaines limites que nous allons établir.

Hygin et Végèce donnaient une largeur de 5 pieds au plus petit fossé, celui dont on se contentait dans les camps établis pour les légions en marche[2] et hors de la présence de l'ennemi[3]. C'était en quelque sorte une simple limite qui n'avait d'autre but que d'assurer le maintien de la discipline[4]. La largeur de 5 pieds était un minimum. (V. fig. 4 et 5.)

En présence de l'ennemi ou dans les camps de stationnement[5], Végèce (V. fig. 6) recommandait de donner aux fossés des largeurs de 9, 11 et 13 pieds et même de 17 pieds, si la force de l'adversaire l'exigeait[6].

La largeur de 17 pieds était donc pour Végèce un maximum. Cependant César en avait donné 18 au fossé du camp de Mauchamp, construit, comme nous l'avons déjà fait remarquer, dans une circonstance exceptionnellement critique ; telle serait pour nous la largeur la plus grande que l'on ait jamais donnée aux fossés des camps romains. (V. fig. 3.)

---

(1) Ceci expliquerait pourquoi Hygin et Végèce indiquent seulement la largeur et la profondeur des fossés. Ces deux dimensions suffisent en effet pour définir un triangle isocèle, tandis que la définition d'un trapèze aurait exigé une troisième donnée, soit l'inclinaison des parois, soit la largeur du fond du fossé.

(2) « In unius noctis transitum. » Vég., *De re mil.*, III, 8.

(3) et (4) « Loco securiori causa disciplinae. » Hygin.

(5) « Stativa autem castra aestate vel hyeme, hoste vicino, majore labore ac cura firmantur. »

(6) Végèce remarque à ce propos que l'usage était de donner à la largeur du fossé un nombre impair de pieds. Il oublie que dans un précédent chapitre, I, 24, il a indiqué la largeur de 12 pieds comme devant être adoptée dans certains cas.

La *profondeur* du fossé n'augmentait pas avec sa largeur, du moins à partir d'une certaine valeur de cette dernière. Le petit fossé d'Hygin et de Végèce n'avait que 3 pieds de profondeur. En dehors de cette donnée, Végèce nous fournit les profondeurs des deux fossés de 9 et de 12 pieds de largeur, qu'il fixe respectivement à 7 et à 9 pieds[1] ; mais il ne donne pas celles des fossés de 13 et de 17 pieds de largeur. (V. fig. 6.)

Nous avons de fortes raisons de croire que la profondeur de 9 pieds était un maximum : nous savons en effet que les plus grands fossés d'Alesia et de Gergovia ne dépassent jamais cette dimension ; de même le fossé du camp de Mauchamp, le plus large, comme nous l'avons déjà dit, de ceux que nous connaissons, qui a précisément 9 pieds de profondeur[2]. (V. fig. 3.)

On s'explique du reste facilement que la profondeur des fossés dans les camps passagers ait été limitée à 9 pieds, soit à un peu moins de 2^m,70, quand on sait qu'un homme ne peut jeter la terre à la pelle à plus de deux mètres et quelques centimètres de hauteur. Pour creuser des fossés plus profonds il aurait été nécessaire de recourir à des dispositions spéciales exigeant l'emploi d'un matériel dont les légions ne devaient pas être pourvues.

En résumé la section des fossés était en principe celle d'un triangle isocèle ; leur largeur variait entre 5 et 18 pieds et leur profondeur, égale à 3 pieds dans le plus petit, ne dépassait pas 9 pieds.

A l'aide de ces données on calcule facilement que l'inclinaison des talus, qui était de 3 de hauteur sur 1 de base dans les petits et moyens fossés, se réduisait à 1 sur 1 dans les plus grands. Cette dernière pente était encore très suffisante pour empêcher un homme de la gravir sans le secours de ses mains.

Un fossé à section triangulaire ne présentait aucune partie plane où l'ennemi pût se rassembler pour donner l'assaut ou se tenir debout en faisant usage de ses armes pour forcer de près

[1] Vég., *De re mil.*, I. 24.

[2] Sur la planche IX de la *Vie de César*, par Napoléon III, la profondeur du fossé est indiquée comme étant de 10 pieds : mais dans la note 2 de la page 100 du 1er volume il est dit que les fossés du camp avaient, d'après les fouilles, 9 ou 10 pieds de profondeur. En présence de cette incertitude, qui s'explique facilement par l'impossibilité de savoir à quelle ligne s'arrêtait la surface du sol au moment de la construction, nous adoptons la profondeur de 9 pieds, qui est d'accord avec la donnée de Végèce.

les défenseurs à quitter leurs retranchements. Il avait encore sur le fossé à section trapézoïdale de même profondeur et de même volume l'avantage de tenir le revers du fossé éloigné du retranchement d'une distance presque double et d'augmenter ainsi notablement la largeur de l'obstacle.

Le vallum. — Le mot *vallum* en latin désigne spécialement la palissade qui couronnait l'*agger*. Cependant tous les auteurs, considérant la partie pour le tout, emploient le mot *vallum* pour désigner l'ensemble de l'*agger* et de la palissade, c'est-à-dire le *retranchement*[1]. Au contraire, lorsqu'ils ont à parler de l'agger seul ils ont bien soin de faire la distinction[2].

Nous devons donc considérer séparément, dans le profil, l'agger et la palissade : nous parlerons d'abord du premier.

L'agger[3] était généralement construit à l'aide des terres extraites du fossé. Dans certains cas, toutefois, lorsque la nature du sol le nécessitait ou pour quelque autre cause, on employait à sa confection des pierres de plus ou moins gros échantillon[4] et même des matériaux de toutes sortes.

(1) Le sens le plus large du mot *retranchement* correspond encore au mot *vallum*, comme le prouve le texte suivant : « quod pro vallo carros objecerant » *De B. G.*, I, 26.

(2) Végèce, pour désigner le massif des terres du retranchement emploie uniquement le mot *agger* (III, 8), et après nous avoir dit comment on le construisait (I, 24), il ajoute qu'on le couronnait d'une palissade formée de pieux : « sudes de lignis fortissimis... praefiguntur ».

La distinction entre le *vallum* et l'*agger* est nettement établie dans les deux textes suivants : « Post eas aggerem et vallum duodecim pedum extraxit. » *De B. G.*, VII, 72, et « tantumdem ejus valli agger in latitudinem patebat. » *De B. G.*, VIII... On pourrait en citer d'autres exemples.

(3) L'*agger*, d'une façon générale, c'est toute masse formée par l'amoncellement de matériaux quelconque, terre, pierres, bois, etc., sous forme de chaussée, de rempart, etc... Ainsi on remblayait les fossés avec des fascines ou de la terre « aggere facto » ou « ad aggerem cespitibus comportandis ». Pour faire avancer les tours de l'attaque on construisait des chaussées spéciales « aggere extructo ». César appelle même *agger* la galerie d'approche qu'il fit construire en briques au siège de Marseille. Dans un retranchement, l'*agger* est le massif en terre, gazons ou pierres, mais le plus souvent formé à l'aide des terres du fossé, sur lequel se tenaient les défenseurs placés derrière la palissade.

(4) Hygin nous dit en effet : « Vallum extrui debet cespite aut lapide saxo sive caemento. » Il est probable qu'on avait recours aux pierres dans le cas où l'on ne pouvait creuser un fossé à parois suffisamment résistantes, ou sur un sol rocheux. Mais c'était évidemment un cas exceptionnel.

Ses dimensions variaient naturellement avec la largeur du fossé puisqu'il était formé des terres qui en provenaient : cependant sa hauteur semble avoir été limitée. Végèce, en effet, qui nous indique divers profils, ne mentionne aucune hauteur plus grande que 4 pieds, laquelle correspond au fossé de 12 pieds d'ouverture : pour les largeurs plus grandes qu'il énumère il ne dit plus rien de la hauteur. On serait tenté d'en conclure qu'elle demeurait constante[1]. Nous savons au contraire qu'il n'en était pas ainsi, du moins au temps de César. Ce dernier, en effet, indique plusieurs fois la hauteur du vallum, auquel il donne jusqu'à 12 pieds : c'est d'ailleurs un maximum. Pour en conclure dans ce cas la hauteur de l'agger il faut retrancher celle de la palissade, soit au moins 4 pieds comme nous le dirons plus loin. La hauteur de l'agger était donc de 8 pieds dans le plus grand profil de César[2]. Nous ne connaissons aucun texte qui mentionne une hauteur plus grande : si à cette considération nous joignons cette autre que César ne nous donne les dimensions de son retranchement que dans des circonstances particulièrement graves, nous demeurerons convaincus que les profils indiqués, dans lesquels l'agger avait 8 pieds, étaient exceptionnels et que cette hauteur était un grand maximum. Il est enfin probable que nous serions plus près de la vérité en admettant que

(1) Peut-être, dans la pensée de Végèce, devait-il en être ainsi : cet auteur nous indique en effet comment on maintenait les terres de l'agger à l'aide de clayonnages construits de part et d'autre : or ces clayonnages, s'ils avaient eu une hauteur supérieure à quatre pieds, auraient gêné singulièrement le travail du terrassement en même temps qu'ils auraient été d'une construction difficile.

(2) Cette question est trop importante pour que nous n'insistions pas sur la nécessité d'entendre par *vallum* à la fois l'agger et la palissade. Si César avait voulu nous donner la hauteur du massif des terres il aurait employé le mot *agger* qui le désignait spécialement. Mais ce détail n'avait pas d'intérêt : ce qu'il importait de faire connaître c'était la grandeur de l'obstacle, la hauteur totale du retranchement pour lequel il n'y avait d'autre désignation que celle de *vallum*. Pour confirmer cette appréciation, nous ferons remarquer que dans l'une de ses citations César fait lui-même la distinction : « Post eas aggerem et vallum duodecim pedum extruxit ». *De B. G.*, VII, 72. On pourrait tout au plus admettre que le mot *vallum* s'appliquait à la fois à la hauteur du retranchement et à la profondeur du fossé. Mais cette supposition n'est pas admissible. Le fossé dans les cas indiqués avait au moins 9 pieds de profondeur : la hauteur de l'agger aurait donc été réduite à zéro. Que seraient devenues les terres du fossé?

le plus souvent elle ne dépassait pas 4 pieds, ainsi que Végèce semble le dire[1].

La largeur de l'agger se trouve mentionnée dans deux textes seulement : dans l'un, fourni par Hygin, elle est de 8 pieds ; dans l'autre, qui nous est donné par Hirtius elle est de 10[2]. Mais la largeur de 8 pieds ne s'applique qu'aux camps passagers et elle est certainement inférieure, ainsi que la seconde du reste, à celle qu'on adoptait quelquefois. Si nous calculons en effet[3] sa valeur pour le grand profil de Végèce dont les trois autres dimensions nous sont connues, nous trouverons qu'elle était égale à 15 pieds. Un calcul semblable appliqué au profil du camp sur l'Aisne, que César nous donne en partie, conduit à la largeur de 10 pieds seulement : c'est le chiffre donné par Hirtius pour un autre camp. Mais l'agger avait 8 pieds de hauteur au lieu de 4.

Nous concluons donc en disant que la largeur de l'agger variait avec sa hauteur ; mais dans aucun cas elle ne semble avoir été supérieure à 15 pieds.

Nous avons dit que les talus des fossés avaient généralement une inclinaison de 3 de hauteur pour 2 de base, ce qui leur donnait une raideur suffisante pour en rendre l'escalade très difficile ; mais les terres meubles qui composaient l'agger n'auraient pas pu se tenir seules sous une inclinaison aussi forte : aussi employait-on des dispositions spéciales et c'était, tantôt un clayonnage construit sur place de part et d'autre de l'agger[4], tantôt un revêtement en gazons[5], qui servaient à cet objet. On

(1) Cependant Hygin, décrivant l'enceinte des camps passagers, nous dit que le vallum devait avoir 8 pieds de large sur 6 de hauteur. Mais il applique aussi ces dimensions au vallum « vallum extrui debet cespite... sufficit latum pedes viii, altum pedes vi ». Nous pouvons donc croire qu'il s'agit encore de l'agger et de la palissade réunis ; car la *lorica* dont il demande l'adjonction « et lorica parva fit » recouvrait la palissade.

(2) « Erat eo loco fossa pedum quindecim et vallus contra hostem in altitudinem pedum decem : tantumdemque ejus valli agger in latitudinem patebat. » *De B. civ.*, III, 45.

(3) Ces calculs sont basés principalement sur la considération de l'équilibre des déblais et des remblais : c'est-à-dire que les terres du fossé doivent se retrouver exactement dans l'*agger*.

(4) « Supra (fossam) sæpibus hinc inde factis, quæ de fossa egesta fuerit terra congeritur. » Végèce, I, 24.

(5) Aucun texte ne nous dit *positivement* que les gazons fussent employés pour former le revêtement. Mais les divers auteurs nous parlent constamment des gazons qui entraient dans la composition de l'agger : or, on ne saurait

arrivait ainsi à rendre la paroi extérieure à peu près verticale[1].

L'emploi d'un revêtement en clayonnage conduit à penser qu'on devait maintenir le pied de la face extérieure de l'agger un peu en arrière de la crête intérieure du fossé, ce qui ménageait entre les deux lignes un espace horizontal appelé *berme* par les ingénieurs modernes; cette disposition était nécessaire pour la solidité des pieux qui servaient à enlacer les branches flexibles du clayonnage. La berme cependant présente un inconvénient : elle facilite l'escalade ; aussi devait-on en réduire le plus possible la largeur. Dans le cas d'un revêtement en gazons elle n'était pas nécessaire et il faut croire qu'on la supprimait[2].

Il ressort de tout ce que venons de dire que le *profil maximum* de l'enceinte des camps romains serait représenté par le retranchement du camp de Mauchamp, qui comprenait un agger haut de 8 pieds et large de 12 pieds surmonté d'une palissade de 4 pieds de hauteur et un fossé triangulaire de 18 pieds de largeur sur 9 pieds de profondeur. (Voir fig. 3.)

On sera frappé du peu d'importance de ce retranchement si on le compare aux remparts de la fortification gauloise et des époques postérieures à la période gallo-romaine.

Organisation défensive de retranchement. — L'agger concourait par sa masse à augmenter la hauteur de l'obstacle; mais il ne pouvait constituer l'enceinte à lui seul. Placés derrière, sur le terrain naturel, les défenseurs n'auraient point vu la plupart du temps le terrain situé au delà et ils n'auraient pu, par conséquent, s'opposer à l'escalade : pour cet objet il était nécessaire

admettre qu'ils le constituassent à eux seuls ; qu'aurait-on fait, en effet, des terres du fossé ? d'où nous concluons qu'ils servaient aux revêtements. Toutefois dans le plus petit profil, vu la faible largeur de l'agger, on n'employait que des gazons. (Végèce, I, 24.)

(1) On se sert encore de nos jours de clayonnages et de gazons pour former les parements des ouvrages de fortification qu'il faut tenir aussi raides que possible et l'on obtient par ce genre de revêtement des talus à l'inclinaison de 4 de hauteur pour 1 de base.

(2) Nous serions tenté de croire que le revêtement en clayonnage ne s'employait que dans les grands profils; alors la hauteur totale de l'agger et de la palissade constituait une obstacle suffisant même pour l'assaillant parvenu sur la berme. Dans ce cas du reste, pour élever les terres du fossé jusqu'au sommet de l'agger, dont la hauteur atteignait parfois 8 pieds, un relai était nécessaire et la berme permettait de l'établir sans avoir recours à un matériel spécial.

qu'ils montassent sur l'agger. Mais alors il fallait recourir à une protection spéciale pour les garantir au moins jusqu'à la poitrine : c'était le rôle de la palissade, du *vallum à proprement parler*[1].

On peut assurer qu'elle couronnait toujours l'agger et que ce dernier n'a jamais constitué à lui seul l'enceinte d'un camp romain.

On peut se demander, en revanche, si l'enceinte ne fut pas quelquefois formée uniquement par la palissade. Nous ne connaissons aucun texte *formel* à cet égard : et l'incertitude provient précisément de la double acception du mot *vallum*. Il nous semble cependant que Végèce n'a en vue qu'une simple palissade lorsque, parlant des moyens de défendre les ponts, il nous dit : « In utraque ripa collocantur armata præsidia... cautiûs tamen est sudes ex utraque parte præfigere ». Mais il s'agit ici d'une défense improvisée et non de l'enceinte d'un camp.

Ammien Marcellin[2] nous dit de son côté que Jovien, en Perse, ayant établi son camp dans une vallée en entonnoir qui n'avait qu'une seule issue, ajouta à la force de la position (c'est-à-dire vraisemblablement qu'il barra le côté ouvert) à l'aide de pieux aiguisés comme des poignards, « in modum mucronum praeacutis

---

(1) « Aggerem faciunt, supra quem valli, hoc est, sudes vel tribuli lignei per ordinem digerantur » (Végèce, III, 8). Et encore : « Supra quam sudes de lignis fortissimis, quas milites portare consueverant, præfiguntur » (Végèce, I, 24). La palissade se construisait une fois les terres de l'agger massées. Cette manière de procéder, ainsi d'ailleurs que la distinction entre le vallum et l'agger, ressort très bien dans le récit suivant : « Cæsar... castra facere constituit ; et ne, in opere faciendo milites repentino hostium incursu exterrerentur, atque labore prohiberentur, vallo muniri vetuit, quod eminere et procul videri necesse erat ; sed a fronte contra hostem pedum quindecim fossam fieri jussit. Prima et secunda acies in armis, ut ab initio constituta erat, permanebat : post hos, opus in occulto acies tertia faciebat. Sic omne prius est perfectum quam intelligeretur ab Afranio castra muniri » (*De B. civ.*, I, 41).

Ainsi le fossé avait été creusé et les terres qui en provenaient amoncelées naturellement pour former l'*agger* ; mais ce dernier avait par lui-même trop peu d'élévation pour être vu par l'ennemi : les deux lignes de soldats placées en avant suffisaient pour en masquer la vue (Ceci nous prouve encore, soit dit en passant, que l'*agger* n'avait jamais un fort relief et cependant il correspondait ici à un fossé de 15 pieds de largeur). En revanche il n'aurait pas été possible de dissimuler l'enceinte si elle avait été couronnée du vallum, c'est-à-dire de la palissade. C'est pour cela que César en interdit la construction le premier jour. Le lendemain, on continue à creuser les fossés et seulement le troisième jour on plante la palissade : « Tertia die Cæsar vallo castra communit. »

(2) Liv. XXV, ch. vi.

sudibus fixis ». Il semble bien que dans cette circonstance, d'ailleurs exceptionnelle, la palissade fut employée seule. Cette interprétation est du reste parfaitement naturelle : une palissade bien défendue était en somme un obstacle très suffisant contre des troupes qui ne disposaient d'aucun moyen d'y faire brèche à distance.

On admet aujourd'hui que, pour couvrir les défenseurs, une hauteur de parapet de 1m,30 est nécessaire. Bien que les anciens se servissent d'armes de jet, qui exigeaient une plus grande liberté de mouvements que le fusil, nous pensons que la palissade devait avoir une hauteur à peu près égale, suffisante pour couvrir l'homme jusqu'à la poitrine et pour former un obstacle difficile à franchir. Comme d'ailleurs il est naturel d'admettre qu'on lui donnait un nombre *entier* de pieds, nous fixerons cette hauteur à 4 pieds pour nous rapprocher le plus possible du parapet moderne en nous maintenant au-dessous[1].

La palissade formait comme une chemise de sûreté qu'on ne renforçait que lorsque les circonstances l'exigeaient. Alors on la recouvrait d'un clayonnage spécial[2], qui avait pour objet non pas de la surélever sur tout son pourtour, ce qui eût empêché le tir, mais de distance en distance, de façon à couvrir entièrement les défenseurs lorsqu'ils ne faisaient point usage de leurs armes. Ceux-ci, le moment venu d'agir, se plaçaient devant les créneaux qu'on avait ménagés, dont le fond ne dépassait pas la hauteur de la palissade[3].

Des tours servaient à augmenter la force du retranchement[4] : elles étaient construites en bois et présentaient plusieur étages. Dans certains cas elles étaient reliées entre elles par des planchers

---

(1) La palissade avait donc 1m,184 au lieu de 1m,30, hauteur du parapet moderne. Nous avons vu plus haut qu'en adoptant cette valeur pour en conclure la hauteur de l'agger, nous arrivions à des résultats très concordants : c'est une preuve de l'exactitude de notre estimation.

(2) « Pinnæ loricæque ex cratibus attexuntur. » *De B. G.*, V, 40 et VII, 72. — « Huic (vallo) loricam pinnasque adjecit. » *Lorica*, c'est la cuirasse en clayonnage dans laquelle on ménageait les créneaux. L'ensemble constituait le *pluteus* : « pluteos vallo addere. » *De B. G.*, VII, 41. « Ad commissuras pluteorum atque aggeris. » *De B. G.*, VII, 72.

(3) Le clayonnage s'ajoutait après coup, comme le prouve le texte suivant : « Aggerem ac *vallum* duodecim pedum *extruxit*. Huic loricam pinnasque adjecit. » *De B. G.*, VII, 72.

(4) *De B. G.*, V, 40 ; VIII, 9.

ou les défenseurs se tenaient, couverts du côté de l'ennemi par des clayonnages semblables à ceux qui protégeaient les hommes placés sur le rempart. De cette façon l'enceinte était défendue sur tout son pourtour par une double ligne de défenseurs établis les uns au-dessus des autres. C'est ainsi que fut organisé le retranchement du camp des Romains dans la campagne contre les Bellovaques : les tours y avaient même trois étages; mais le premier seul communiquait[1].

Devant Alise, le long de la ligne de circonvallation, les tours étaient construites à quatre-vingts pieds l'une de l'autre[2]. Le camp de Cicéron était muni de cent vingt tours[3], ce qui conduit à un espacement de soixante pieds environ. On pourrait donc admettre, d'après ces exemples, que la distance qui les séparait était de soixante à quatre-vingt pieds d'axe en axe.

Enfin les portes étaient spécialement défendues par des tours également en bois qui étaient probablement plus hautes et plus fortes que celles du rempart[4].

Dispositions complémentaires. — Nous avons dit que les défenseurs se plaçaient sur l'agger pour défendre l'enceinte : afin de leur permettre de garnir promptement le parapet, on construisait le long de la paroi intérieure des rampes larges et multipliées[5].

Des plates-formes, formées probablement par un élargissement de l'agger, étaient construites de distance en distance pour recevoir les machines qu'on plaçait surtout auprès des portes et aux angles de l'enceinte[6].

Enfin pour rendre l'escalade du vallum plus difficile on établissait parfois un rang de fraises au sommet de l'agger[7].

(1) « Turres crebras excitari in altitudinem trium tabulatorum; pontibus transjectis constratisque conjungi; quorum frontes viminea loricula muniretur, ut hostes a duplici propugnatorum ordine depelleretur, quorum alter ex pontibus, quo tutior altitudine esset, hoc audacius longiusque tela permitteret; alter, qui proprior hostem in ipso vallo collocatus esset, ponte ab incidentibus telis tegerentur. » *De B. G.*, VIII, 9.

(2) *De B. G.*, VII, 72.

(3) *Id.*, V, 40.

(4) « Portis fores, altioresque turres imposuit. » *De B. G.*, VIII, 9.

(5) « Adscensus valli duplices et frequentes. » (Hygin.)

(6) « Meminisse oportet... tormentis tribunalia extraere circum portas, in coxis, in loco tyronum » (Hygin).

(7) « Grandibus cervis eminentibus ad commissuras pluteorum atque aggeris, qui ascensum hostium tardarent. » *De B. G.*, VII, 72.

Organisations défensives accessoires. — Nous avons déjà signalé, d'après Hygin, l'emploi de dispositions spéciales pour la défense des portes. L'organisation du petit parapet que, suivant cet auteur, on construisait à soixante pieds en avant devait être la même que celle de l'enceinte proprement dite. Nous ne savons pas si cette défense accessoire fût employée généralement. L'histoire n'en cite pas d'exemples. Quant à la brisure de l'enceinte en dedans du camp et à hauteur de chaque porte, il est probable qu'elle était de règle, du moins dans les premiers siècles. Cependant en dehors d'Hygin, aucun auteur n'en fait mention[1]. Ce que nous savons positivement, en revanche, c'est qu'au moment d'une attaque on bouchait parfois avec des gazons un certain nombre de portes[2].

Une question plus importante est de savoir s'il existait quelque réduit à l'intérieur du camp. Rien dans les textes ne nous autorise à le croire. L'histoire n'y fait aucune allusion et les tracés, cependant si détaillés, de Polybe et d'Hygin ne laissent aucune place pour la construction d'un pareil ouvrage[3]. Il nous paraît donc certain que les Romains se contentèrent toujours d'une enceinte unique[4], qui, solidement organisée, suffisait, disaient-ils, pour résister à toutes les attaques des barbares[5]. Une pareille confiance est exclusive d'une défense redoublée.

De même on ne saurait admettre que les camps romains aient

---

(1) Les fouilles qui ont permis de retrouver le tracé du camp de César sur l'Aisne ont montré que cette disposition était employée à l'époque de la conquête de la Gaule.

(2) « Fabius..., duabus relictis portis obstruere ceteras. » (*De B. G.*, VII, 41.) « Obstructis in speciem portis singulis ordinibus cespitum. » *De B. G.*, V, 51.)

(3) Quelques archéologues semblent croire que le *pretorium* était établi sur une surélévation du sol et y voient un réduit pour la défense. Ils ont même été jusqu'à admettre que c'était là l'origine du donjon des enceintes du moyen âge. Nous ne connaissons rien à l'appui de cette opinion. Nous savons que parfois on construisait une *tribune* en gazons (Tac., I, 18) dans l'enceinte des camps; mais le monticule ainsi formé devait avoir tout au plus la largeur suffisante pour la facilité des mouvements de l'orateur et on ne saurait le confondre avec la motte d'un donjon.

(4) C'est là un fait important à signaler, parce qu'on a souvent attribué aux Romains des enceintes qui présentent à l'intérieur des réduits sous la forme d'un second retranchement ou d'un tertre dominant l'ensemble. De pareils ouvrages ne leur appartiennent pas. Ils sont d'une époque plus récente et d'une autre école.

(5) « Quantasvis, magnas etiam, copias Germanorum sustineri posse, **munitis** hibernis docebant. » *De B. G.*, V, 28.

été quelquefois entourés d'un double retranchement. Aucun des auteurs anciens n'en fait mention : aucun récit des attaques dont les camps ont été l'objet ne la met en évidence : il est cependant difficile de supposer qu'un fait aussi important ait été passé sous silence et qu'il n'ait jamais donné lieu à quelque événement particulier dont l'histoire nous aurait transmis la relation.

Il n'en est plus de même en ce qui concerne les fossés. S'il n'est pas prouvé que les Romains aient entouré d'un double fossé le retranchement de leurs *camps passagers*, si même l'inverse est seul exact suivant toute probabilité, en revanche nous verrons plus loin que les enceintes des *castra* et des *castella* permanents étaient souvent précédées de deux et même de trois fossés parallèles triangulaires [1].

(1) Nous ferons remarquer à ce propos que le mot *duplex* qui se rencontre dans divers passages des auteurs latins a pu souvent donner lieu à des appré-préciations erronées. D'une façon générale ce mot demande à être traduit par *double*; mais il a également le sens de *gros*, *épais*, etc. C'est ainsi que Caton désigne un gros clou par l'expression *clavus duplex*. Voici quelques exemples de l'emploi des divers sens du mot *duplex*.

A propos de la communication établie entre les camps occupés par les troupes romaines devant Gergovia, César nous dit qu'il avait fait creuser un double fossé « fossam duplicem. » (*De B. G.*, VII, 36.) Les fouilles ont montré qu'il s'agissait bien ici de *deux* fossés triangulaires contigus.

Le mot *duplex* a de même le sens de *double* dans le passage suivant « duplicem eo loco fecerant vallum » (*De B., civ.*, III, 43) : car l'auteur nous apprend que les deux retranchements étaient situés à 600 pieds l'un de l'autre.

Il en est autrement dans le passage où Hirtius nous décrit l'un des fossés creusés devant Alesia : « Fossam duplicem, pedum quinum denum, lateribus directis » (*De B. G.*, VIII, 9). C'est d'un fossé unique qu'il s'agit ici, comme l'ont montré les fouilles exécutées autour de cet oppidum ; mais ce fossé avait un profil exceptionnel ; il avait des talus verticaux, ce qui lui donnait une capacité *double* des fossés ordinaires triangulaires.

Nous avons vu, quand nous avons traité de la fortification gauloise, que le mot *duplex* appliqué au mur d'enceinte de l'oppidum des Aduatuques avait le sens de *large*. Il en est encore de même dans le passage où Hygin nous parle des rampes d'accès des retranchements qu'il prescrit de faire « duplices et frequentes » c'est-à-dire évidemment « larges et multipliées ».

Pour terminer nous dirons que le mot *triplex* a été également employé avec la même signification de *large*, *fort*, *épais*, etc., attribuée quelque fois au mot *duplex*. Dans le passage suivant, en effet, « omnibus viis atque angiportis triplicem vallum abduxerant : erat autem quadrato extructus saxo » (*Alex. bell.*), il n'y a pas d'autre sens possible. Car il s'agit évidemment d'un seul vallum, comme le prouve le « erat extructus » ; mais c'était un vallum énorme, puisque l'auteur ajoute : « nec minus XL pedes altitudinis habebat. » Il n'avait pas moins de 40 pieds de hauteur. Il semble que *triplex* est ici un superlatif.

Distribution intérieure des camps. — Polybe et Hygin nous donnent le détail de la distribution intérieure des camps (v. fig. 8) : nous ne les suivrons pas dans une description qui importe peu à notre sujet. Nous ferons remarquer seulement que ces auteurs affectent un emploi spécial à chaque portion de la surface comprise dans l'enceinte et que dans leur description aucune place n'est réservée pour la construction d'un ouvrage quelconque.

Dans les camps passagers les hommes couchaient sous la tente « sub pellibus »; mais dans les camps de stationnement ils s'établissaient dans des baraques en bois et en torchis probablement, couvertes en paille[1] ou peut-être en tuiles.

L'intérieur du camp était absolument réservé aux soldats : les marchands dont les armées traînent toujours un grand nombre à leur suite, s'établissaient en dehors, près de la porte décumane, c'est-à-dire contre le côté de l'enceinte qui ne faisait pas face à l'ennemi[2]. Il semble toutefois qu'en cas d'attaque on les recueillait à l'intérieur.

Construction du retranchement. — On procédait à la construction du retranchement avec l'ordre et la méthode qui présidaient, chez les Romains, à toutes les opérations de la guerre : « Chaque centurie, dit Végèce, reçoit d'abord des officiers du campement un certain nombre de pieds d'ouvrage pour sa part : ensuite, après avoir rangé leurs boucliers et leur bagage en rond, chacun autour de son enseigne, les soldats, l'épée au côté[3], travaillent à creuser le retranchement[4]. » Lorsqu'on se trouvait en présence de l'ennemi

(1) « In casas, quae more gallico stramentis erant tecta. » (*De B. G.,* V, 43.)

(2) « Germani equites. . ab *decumana* porta in castra irrumpere conantur, nec prius sunt visi... usque eo ut qui *sub vallo tenderent mercatores* recipiendi sui facultatem non haberent » (*De B. G.,* VI, 37).

L'exclusion des marchands de l'enceinte nous paraît expliquer pourquoi les soldats trouvaient *ignominieuse* la punition que Corbulon infligea à ceux qui avaient lâché pied devant l'ennemi (Tac., *Ann.,* XIII, 36). En les faisant camper en dehors des retranchements, ce général les assimilait à des marchands, c'est-à-dire à des gens incapables de porter les armes et de s'en servir, en même temps qu'il les exposait au mépris de ces derniers.

(3) On se conformait rigoureusement à cette prescription. Nous lisons en effet dans Tacite, que Corbulon fit condamner à mort deux soldats, parce qu'ils travaillaient aux retranchements, l'un sans épée, l'autre avec un poignard seulement. Tac., *Ann.,* XI, 18.

(4) C'est ainsi que de nos jours le sapeur du génie lorsqu'il ouvre la tranchée garde son fusil en bandoulière.

les travailleurs étaient protégés par une ou plusieurs lignes de soldats placés en avant. « En présence de l'ennemi, nous dit encore Végèce, toute la cavalerie et la moitié de l'infanterie se rangent en bataille pour lui résister, et le reste, derrière eux, creuse les fossés pour fortifier le camp[1]. » Nous trouvons de nombreux exemples de cette disposition dans les *Commentaires*[2].

Le temps nécessaire pour la construction d'un retranchement dépendait naturellement de sa force : mais aucun texte ne nous fournit de données précises à cet égard[3]. Pour combler cette lacune nous avons appliqué le calcul aux données que nous avons admises ; en voici le résultat.

Dans le cas du plus petit profil, celui dans lequel le fossé était triangulaire et présentait 5 pieds de largeur sur 3 de profondeur, et dans des terres végétales à un homme et demi, la construction exigeait avec les hommes les moins exercés, trois heures un quart environ ; avec les hommes les plus habiles cette durée pouvait être réduite à une heure environ ; et il fallait employer cinq hommes pour 4 mètres courants de crête. Dans le cas du plus grand profil de Végèce, celui dont le fossé avait 12 pieds de largeur sur 9 de profondeur, la construction exigeait, dans les mêmes conditions, près de vingt-quatre heures avec les hommes les moins exercés et huit seulement avec des hommes très habiles si on avait le soin de les relever fréquemment ; cette fois d'ailleurs il fallait employer sept hommes pour 4 mètres courants de crête. Enfin ces durées étaient respectivement égales à quarante-huit et à seize heures dans le cas d'un fossé de 18 pieds de largeur[4].

(1) C'est ainsi encore que de nos jours les travailleurs de la première parallèle sont couverts en avant par les grands gardes.

(2) *De B. G.*, I, 49, I, 24, etc.

(3) Nous avons bien le texte suivant : « Cæsar ad jugum... adscendit atque in unumquemque collem turres castellaque facere cœpit ; atque ea minus semihora effecit. » *Afr. bell.*, 3-5. Mais nous ne savons pas quelle était la dimension du retranchement. Elle devait être bien faible d'après les calculs qui suivent *s'il n'y a pas d'exagération dans le récit.*

(4) Voici sur quelles bases sont établis nos calculs. On admet aujourd'hui que dans les terres végétales, dites à 1 homme 1/2, il faut employer 1 piocheur pour 2 pelleteurs. La largeur de chaque atelier doit être de 2 mètres pour chaque pelleteur. Dans chaque atelier, c'est-à-dire pour une longueur de 2 mètres de crête, il y avait donc 1/2 piocheur et 1 pelleteur, soit 1 homme 1/2 dans le cas du petit profil ; dans le cas du grand, 1 pelleteur en plus (parce qu'il y avait deux relais, vu la longueur de l'atelier) soit 2 hommes 1/2 et res-

Nous avons vu que l'enceinte du camp d'une légion présentait
un développement de 2,000 mètres environ. Si l'on cherche avec
les données ci-dessus combien d'hommes devaient être employés
à sa construction, en supposant qu'on y travaillait sur tous les
points à la fois, on trouve que leur nombre devait être de 2,500
dans le cas du plus petit profil et de 3,500 dans le cas du second.
D'où l'on voit, que suivant le tracé adopté, le nombre des travailleurs devait être le quart ou le tiers de l'effectif total.

Ce résultat se trouve confirmé par le récit des *Commentaires*[1]
relatif à la construction de l'un des camps en présence des troupes
d'Arioviste. Dans cette circonstance, après avoir fait ranger son
armée sur trois lignes, César maintint les deux premières sous les
armes, pendant que la troisième travaillait aux terrassements.
Cependant, Végèce semble admettre un nombre plus grand de
travailleurs : « En présence de l'ennemi, nous dit-il, toute la cavalerie et une moitié de l'infanterie se rangent en bataille pour lui
résister et le reste, derrière eux, creuse les fossés pour fortifier le
camp. »

Résumé. — Avant d'aborder l'étude des autres ouvrages de fortification passagère, nous allons résumer en quelques mots les
caractères des camps passagers et des camps de stationnement.

Ce qui caractérise certainement ces ouvrages c'est la régularité
du tracé, régularité qui était la conséquence de celle du campement : *ils étaient, en principe, rectangulaires ou carrés.* Si Végèce
a admis des tracés irréguliers ce fut probablement, comme nous
l'avons dit, pour faire une concession à des habitudes nouvelles ;
mais de pareils camps ne peuvent avoir été construits que dans
les derniers temps de l'occupation romaine, *si jamais on en a fait
usage* et l'on doit les distinguer des *camps véritablement romains :*

pectivement, avec le dameur de chaque atelier, 2 hommes 1/2 et 3 hommes 1/2,
pour l'un et l'autre profil, par atelier de 2 mètres de large ; enfin 5 hommes
et 9 hommes suivant le cas considéré, pour 4 mètres courants de crête.

Chaque pelleteur peut jeter, en moyenne, $0^m,405$ cube de terre par heure.
C'est un minimum ; des hommes très exercés en jettent trois fois plus. Le petit
profil qui correspondait à $1^m,314$ cube de terre pour 1 pelleteur exigeait
donc 3 heures 7 minutes de travail au minimum et exceptionnellement
1 heure 6 minutes. Le grand profil de Végèce correspondait à $9^m,462$ cubes
par pelleteur et il exigeait 23 heures 30 minutes de travail au maximum et,
exceptionnellement, un peu moins de 8 heures.

1) De B. G., I, 49.

employés par les barbares ils ne sauraient être appelés *camps romains*.

Dans aucun cas on ne saurait admettre que les camps ont été placés sur des positions bordées d'escarpement ou d'un difficile accès. C'est dans les lieux bas, les plaines légèrement ondulées, qu'il faut en rechercher les traces.

Ce qui caractérise également le camp romain, c'est la faiblesse des dimensions de l'agger et du fossé, en comparaison du moins de celles de beaucoup d'enceintes que l'on rencontre sur le sol de la Gaule. *Jamais la hauteur de l'agger n'a été portée à plus de 2^m,32 et la profondeur du fossé à plus de 2^m,66.* Quant aux plus grandes largeurs de l'agger et du fossé, on doit les fixer respectivement à 15 et à 18 pieds, *soit 4^m,44 et 4^m,97*.

La force du retranchement consistait surtout dans l'organisation défensive du parapet à l'aide de la palissade et des tours en bois qu'on y construisait.

L'étendue des camps variait sensiblement suivant qu'on adoptait le tracé de Polybe ou celui d'Hygin. Avec les données du premier, on peut fixer à 24, 36 ou 48 hectares la surface totale occupée par un camp de une, de deux ou de trois légions, mais ces chiffres n'ont rien d'absolu.

Enfin la considération des emplacements convenables pour asseoir des camps répondant aux conditions réclamées par Hygin et par Végèce et celle de la faiblesse des dimensions de l'agger et du fossé conduisent à cette conclusion, *que le nombre des camps romains qui ont laissé des traces sur notre territoire doit être excessivement restreint, si même il s'y en rencontre un seul.*

DES POSTES FORTIFIÉS. — CASTELLA

« A castris diminuto vocabulo sunt nuncupata castella », nous dit Végèce. Le mot *castella* s'appliquait donc certainement à des ouvrages semblables à ceux que les Romains appelaient *castra*, dont ils *ne différaient que par la faiblesse de leurs dimensions.*

Mais nous avons vu que le mot *castra* désignait des camps de plusieurs sortes : on peut donc se demander si à chacun d'eux correspondait, sous le nom de *castella*, un petit ouvrage. Il est certain qu'il en était ainsi pour les *camps permanents*, comme nous le verrons à propos de la fortification permanente, et aussi pour les *camps de stationnement*, comme nous le montrerons tout à l'heure[1]. Mais on ne saurait être aussi affirmatif en ce qui concerne les *camps passagers*.

Il est bien évident qu'une troupe voyageant isolément sur un territoire ennemi devait prendre des précautions que ne négligeaient point les légions elles-mêmes, bien mieux en état cependant de se défendre sans le secours de la fortification, et que dès lors elle construisait des petits camps passagers proportionnés à la faiblesse de son effectif; mais aucun texte ne nous autorise à le dire[2]. Pour la même raison nous ne savons pas comment les Romains appelaient ces ouvrages. Peut-être, malgré l'exiguïté de leurs dimensions, les nommaient-ils encore *castra*; cependant il est plus porbable qu'ils leur appliquaient la dénomination de *castella*. Quoi qu'il en soit, si l'occasion se présente d'y faire allusion, nous les désignerons simplement sous le nom de *petits camps passagers*.

Relativement aux *castella* qui étaient des diminutifs des *camps de stationnement*, voici ce que dit Végèce : « S'il n'existe aucune ancienne fortification dans laquelle on puisse loger les garnisons destinées à protéger l'arrivée des convois, on construira des ouvrages provisoires qu'on entourera de larges fossés[3]. » Ces ouvrages que nous désignerons sous le nom de *postes fortifiés* étaient, par suite de leur destination même, élevés pour la durée d'une expédition. Par la disposition symétrique des tentes et des baraques, par la forme de leur enceinte, par le profil du retranchement, ils devaient ressembler absolument aux camps permanents. Seule leur étendue les en distinguait.

Cette étendue serait intéressante à connaître ; malheureuse-

---

(1) Nous verrons aussi plus loin que, sous le nom de *castella*, les Romains employaient de petits ouvrages (que nous appellerons *redoutes*), qui n'avaient rien de commun avec les *camps*.

(2) Ce silence tient probablement à ce que ces petits camps furent rarement le théâtre d'événements assez importants pour être relatés.

(3) « ... per loca idonea, qua nostrorum ambulat commeatus, praesidia disponuntur, sive illæ civitates sint, sive castella munita. Quod si non reperitur antiqua munitio, opportunis locis circumdata majoribus fossis tumultuaria castella firmantur. » Végèce, lib. III, 8.

Nous ferons remarquer que, dans ce passage, l'opposition est bien marquée entre les forts permanents, *castella munita*, construits en maçonnerie et les ouvrages provisoires en terre, *tumultuaria castella circumdata majoribus fossis*.

ment les données nous manquent pour la calculer d'une façon certaine. Nous ne pouvons en effet la déduire, par une simple proportion, de celle des camps de plusieurs légions, qui comportaient des accessoires dont on ne doit plus trouver de traces dans ceux d'une cohorte ou deux. Cependant les petits camps devaient satisfaire aussi bien que les grands à deux conditions essentielles : en premier lieu, l'espace ménagé entre la ligne extérieure du campement et le retranchement devait être assez grand pour mettre les tentes hors de la portée des projectiles de l'ennemi[1] ; en second lieu, l'enceinte devait présenter un développement en rapport avec l'effectif de la garnison de façon qu'en tous ses points elle pût être garnie de défenseurs.

Les postes fortifiés étaient naturellement établis à proximité des routes et principalement des ponts ou des gués[2] par lesquels les convois devaient passer. Lorsque Végèce prescrit de les construire dans les endroits convenables, *opportunis locis*, il ne veut pas dire autre chose, et rien ne nous autorise à croire qu'ils aient été habituellement placés sur des sommets élevés et d'un accès difficile. Remarquons, au contraire, que de telles positions ne sont bonnes que pour une défense passive et que tel n'était pas le but des Romains. En établissant leurs postes fortifiés ils entendaient exercer une surveillance *active* qui seule pouvait leur assurer une libre circulation dans la contrée[3].

Nous savons positivement que les camps d'une légion et au-dessus étaient appelés *castra* ; mais nous ne savons pas à partir de quelle limite inférieure ils recevaient le nom de *castella*. César appelle *castra* le camp de Galba occupé par huit cohortes seulement[4] et *castellum* le poste fortifié, construit sur les bords de l'Aisne[5], occupé par six cohortes sous les ordres de Titurius Sabinus. Mais ces données ne suffisent pas pour établir une règle.

(1) On se rappelle que Polybe donnait 200 pieds à cet intervalle, et Hygin 70 seulement.

(2) On en trouve plusieurs exemples dans la guerre de Julien contre les Perses. Voir Am. Marc.

(3) Alors même qu'ils auraient voulu rester sur la défensive les Romains auraient été obligés d'établir leurs postes fortifiés sur les points dont ils voulaient s'assurer la jouissance et non à une certaine distance, parce qu'ils ne disposaient point des ressources de l'artillerie moderne, grâce à laquelle il est possible d'interdire à l'ennemi l'occupation de points situés à plusieurs kilomètres de distance.

(4) *De B. G.*, L. III, 1 et suivants.

(5) *Id.*, II, 5.

DES REDOUTES. *CASTELLA* QUELQUEFOIS *PRÆSIDIA* [1].

Sous le nom de *castella* les Romains construisaient des ouvrages de petites dimensions qui n'avaient plus rien de commun avec les camps.

Tels étaient les vingt-trois *castella* que César fit élever devant Alise pour renforcer sa ligne de contrevallation [2]; tels ceux qu'il construisit sur la ligne d'investissement de l'oppidum des Aduatuques [3]; tels encore ceux avec lesquels il flanqua son camp sur l'Aisne [4] pour y placer des machines de jet.

Dans ces ouvrages on n'installait ni tentes ni baraques : les garnisons s'y renouvelaient constamment. César nous le dit positivement [5]; mais nous aurions pu le conclure de leur situation avancée sur la ligne des ouvrages qui ne leur permettait pas d'offrir au soldat un repos assuré. Ils différaient donc entièrement des camps et se rapprochaient au contraire des ouvrages que l'on désigne aujourd'hui sous le nom de *redoutes*; c'est celui que nous leur appliquerons.

Tracé. — Du moment que les redoutes n'abritaient point un campement, leur tracé n'était plus assujetti à une régularité que motivait surtout, dans les camps fortifiés, l'arrangement symétrique des tentes : il pouvait au contraire et devait même se plier à la forme du terrain parce que, de la sorte, il réalisait mieux cet

---

[1] Le mot *præsidia* est quelquefois employé à la place du mot *castella* pour désigner les redoutes et les postes fortifiés; mais c'est par métonymie. Ce mot désigne en effet *la garnison* qu'on préposait à la garde d'une position ou d'un ouvrage et il ne peut s'appliquer en propre à aucun ouvrage. La distinction entre les *castella* et les *præsidia* est clairement faite dans le passage suivant : « Hæc eadem (*castella*, excubitoribus ac firmis *præsidiis* tenebantur » *De B. G.,* VII, 69. De même le texte de Tacite : « Obsidium cœpit per præsidia quæ opportune jam muniebat. » *Am.,* IV, 49, montre bien que ce qu'on appelait *præsidia* avait besoin d'être fortifié et ne l'était pas de sa nature.

[2] *De B. G.,* VII, 69.

[3] *De B. G.,* II, 30.

[4] *De B. G.,* II, 8.

[5] « Quibus in castellis interdiu stationes ponebantur, ne qua subito eruptio fieret : hæc eadem noctu excubitoribus ac firmis præsidiis tenebantur » *De B. G.,* VII, 69.

avantage de bien voir les abords ; sur une position escarpée, l'enceinte devait border les escarpements ; mais en plaine il n'y avait plus aucune raison pour abandonner la régularité et nous pensons que les redoutes devaient y être circulaires ou carrées. Nous pensons même qu'elles étaient plutôt circulaires. Si les Romains, en effet, arrondissaient les angles de l'enceinte des camps pour supprimer des saillants qui créaient des points faibles dans le retranchement, ils devaient à plus forte raison supprimer ces angles dans des ouvrages encore plus exposés aux attaques. Mais ces ouvrages étaient de dimensions très restreintes ; l'arrondissement des angles, pour peu qu'on lui donnât quelque développement, devait donc transformer promptement le carré primitif, pris pour base du tracé, en une figure très voisine de la circonférence, sinon en une circonférence parfaite [1].

Profil. — Nous ne voyons aucune raison d'admettre que le profil de l'enceinte différât de celui des camps. Comme ce dernier il devait varier avec les circonstances. Cependant nous n'avons rien de précis à cet égard ; nous savons seulement, d'après un texte d'Hirtius, que parfois on leur donnait les dimensions les plus restreintes ; car cet auteur nous parle de *castella* construits en une demi-heure [2]. Or nous avons vu que le plus petit profil de Végèce exigeait au moins une heure de travail [3]. Il faut donc croire à une exagération ou admettre que dans la circonstance l'enceinte était constituée presque uniquement par la palissade. Cela serait d'autant plus admissible qu'il s'agissait d'une fortification de champ de bataille pour laquelle on n'avait ni le temps, ni probablement les moyens de construire de forts retranchements.

Étendue. — Nous ne savons également rien de l'étendue des redoutes ; mais leur nom même, diminutif de *castra*, prouve qu'elle était restreinte. Le grand nombre de celles que César éleva autour d'Alise est également une preuve à l'appui de cette opinion.

(1) Quelques-unes des redoutes retrouvées autour d'Alesia sont presque toutes circulaires, les autres ont des tracés très irréguliers qui se rapprochent plus ou moins de la forme circulaire.

(2) Voir note 3 de la page 24.

(3) On se rappelle que dans ce profil le fossé avait 5 pieds de largeur sur 3 pieds de profondeur.

Situation. — Le rôle que les redoutes étaient appelées à jouer fait voir qu'elles devaient occuper les positions les plus diverses. Celles qui flanquaient les camps étaient comme eux situées en plaines ou sur des terrains à pentes douces ; mais celles qui renforçaient une ligne de contrevallation devaient, suivant les caprices du sol aux environs de la place investie, présenter les assiettes les plus variées. On peut donc en rechercher les traces sur des posisions dominantes et escarpées. Mais si l'on réfléchit que les Romains ont fait en somme un petit nombre de sièges en Gaule, on demeurera convaincu qu'elles ne sauraient se rencontrer en grand nombre. Cette remarque nous paraît essentielle parce que trop souvent on a attribué aux Romains des enceintes irrégulières établies dans des positions analogues, tandis qu'elles doivent être attribuées à une autre époque.

Cependant la distinction est facile à faire, comme nous le montrerons : elle ressort naturellement de la comparaison des profils et des tracés. A défaut de cette ressource enfin, il ne saurait y avoir d'incertitude que pour des enceintes élevées dans le voisinage des places qui furent assiégées ou investies : or de ces dernières, on connaît sinon l'emplacement exact du moins la région dans laquelle elles étaient situées.

DES LIGNES

Les Romains n'avaient point de mot pour désigner d'une façon spéciale les lignes de contrevallation et de circonvallation qu'ils élevaient autour des places assiégées et ils avaient recours à des périphrases. C'est ainsi que nous lisons : « Cæsar hæc *genera munitionis* instituit[1]. » Traduction : « Voici les ouvrages de défense auxquels César eut recours » ; mot à mot : « Le genre d'ouvrages de fortification. » L'ensemble même des autres travaux de siège est appelé, dans le même passage, « reliquas omnes munitiones ». On trouve également employé dans le même sens le mot *opus* et surtout *opera*, sous la forme du pluriel ; c'est absolument ainsi

---

(1) *De B. G.*, VII, 72 ; on trouve de même « circumvallare instituit » (*De B. G.*, VII, 48) pour désigner non pas la *circonvallation* des ingénieurs modernes, comme le mot *circumvallare* le demanderait, mais leur *contrevallation*.

que nous disons aujourd'hui : « *ouvrages* de défense, *ouvrages* de fortification, *ouvrages* de campagne ».

César nous donne des détails très circonstanciés sur les lignes d'Alesia. Les travaux qu'il fit exécuter autour de cet oppidum doivent être regardés comme le type de ce que les Romains ont pu faire de plus considérable en fait de siège. Ils présentent une accumulation d'obstacles parfaitement raisonnée : d'abord une première ligne *intérieure* destinée à envelopper les défenseurs de la place, puis une ligne *extérieure* destinée à repousser toutes les tentatives d'une armée de secours. Ces deux lignes, que les ingénieurs modernes désignent respectivement sous le nom de *contre-vallation* et de *circonvallation*, se composaient principalement d'un vallum et d'un fossé dont les dimensions correspondaient en certains points au plus fort profil des camps de stationnement, auquel il était absolument semblable[1]. Elles étaient défendues en avant par des défenses accessoires, abattis, trous de loups, etc. et, à cause de leur grand développement, renforcées de distance en distance par des redoutes, *castella*, où se tenaient des postes prêts à se porter sur le point menacé ou à résister derrière leur retranchement, en restant ainsi toujours maîtres de la ligne de défense, jusqu'à l'arrivée des renforts.

Les camps proprement dits étaient placés naturellement en arrière de la ligne de contrevallation, afin que les hommes pussent y reposer en paix. Dans cette position ils constituaient au besoin des réduits en arrière[2].

Nous ne nous appesantirons pas davantage sur ce genre de fortification dont l'intérêt est d'autant moindre pour nous que les

---

(1) « Duos fossas *quindecim* pedes… perduxit ;…. Post eas aggerem ac vallum *duodecim* pedum extruxit. » *De B. G.*, VIII, 72. — Le fossé n'avait pas, il est vrai, la plus grande largeur admise quelquefois ; mais il y en avait deux ; quant au vallum il avait bien la hauteur maximum.

(2) Des fouilles faites aux environs d'Alesia il résulterait que quelques-uns de ces camps étaient établis en dehors même de la ligne de contrevallation et pouvait être dès lors abordés directement par l'armée de secours. Cette disposition nous étonne : pour l'expliquer, il faut admettre que César n'avait pas prévu au début la nécessité de cette seconde ligne. On a constaté également que les camps (comme celui du reste des environs de Gergovie) étaient des *quadrilatères* et non des *rectangles*. Mais l'irrégularité du tracé est motivée, comme on peut s'en rendre compte à l'inspection des lieux, par la nature de la position dont on n'avait pas eu le choix, étant donné que ces camps devaient occuper par rapport aux *lignes* une situation déterminée.

lignes de circonvallation et de contrevallation ont dû laisser peu de traces sur notre territoire, parce que les sièges que les Romains ont faits en Gaule sont peu nombreux.

LES TOURS — *TURRES*.

Nous avons vu que le vallum était défendu par des tours en bois. Les Romains donnaient le même nom de *turres* à d'autres ouvrages de fortification de campagne qu'ils élevaient pour des objets divers.

Ces ouvrages étaient parfois de véritables tours en bois à plusieurs étages. C'est ainsi que César après avoir coupé sur 200 pieds de longueur la partie du pont, sur le Rhin, qui touchait à la rive Ubienne, fortifia l'extrémité de la partie conservée par une tour à quatre étages [1]. De même Valens et Cæcina, après avoir fait construire un pont de bateaux sur le Pô, le fermèrent par une tour construite sur le dernier et garnie de machines pour écarter l'ennemi [2].

On ne saurait douter que dans les deux cas que nous venons de citer les tours ne fussent construites en bois ; mais on ne peut être aussi affirmatif en ce qui concerne les *turres* dont nous allons parler.

Hirtius nous raconte que César, après s'être emparé de la crête d'une position, fit construire, sur chaque sommet, des tours et des redoutes, « *turres castellaque facere cœpit* » [3]. Il s'agit évidemment ici d'une fortification de champ de bataille destinée à assurer la possession d'une bonne ligne de défense. Des redoutes et d'autres ouvrages plus petits placés dans les intervalles étaient particulièrement propres à cet objet. Or l'auteur nous dit que ces fortifications furent élevées en moins d'une demi-heure ; même en faisant la part de l'exagération, nous ne voyons pas comment il eût été possible d'élever en aussi peu de temps des tours en

---

(1) « *In extremo ponte turrim tabulatorum quattuor constituit.* » *De B. G.* VI, 29.

(2) Tac., *Hist.*, II. 34. — Dans cette occasion les Othoniens élevèrent sur la rive qu'ils occupaient une tour d'où ils lançaient sur le pont des pierres et des torches. Cette tour était évidemment en bois et à plusieurs étages pour donner le commandement nécessaire.

(3) *Africanum bellum*, 37.

bois à plusieurs étages : à moins d'admettre peut-être que les bois nécessaires avaient été préparés à l'avance et qu'il ne restait plus qu'à les assembler. S'il en était ainsi, nous serions en présence d'un fait très intéressant parce qu'il prouverait que les Romains transportaient en campagne tout le matériel nécessaire à la construction d'une sorte de *blockhaus*, absolument comme les armées modernes traînent à leur suite les équipages de pont. Cela n'aurait rien d'impossible, car nous savons qu'ils ne reculaient pas devant le transport des machines de jet dont ils étaient abondamment pourvus.

Mais on peut admettre aussi que parfois ces *turres* étaient de simples redoutes en terre, plus petites seulement que les castella. L'exiguïté de leurs dimensions et leur forme leur faisaient seules donner, par analogie, le nom de *tours*.

Il nous paraît donc probable que, sous le nom de *turres*, les Romains employèrent des ouvrages passagers destinés, soit à défendre isolément certains passages, soit à occuper, concurremment avec d'autres, une position avantageuse et que suivant le cas ces ouvrages furent de petites redoutes en terre, semblables aux castella, ou de véritables constructions en bois analogues à nos blockhaus. D'ailleurs, même avec ces derniers, quelques mouvements de terre devaient être nécessaires pour les environner d'un fossé destiné à augmenter l'obstacle et surtout à empêcher l'assaillant d'aborder facilement le blockhaus pour en saper le pied ou y mettre le feu.

OUVRAGES SPÉCIAUX ET DÉFENSES ACCESSOIRES

Sous ce titre nous grouperons divers ouvrages dont il ne nous a point paru nécessaire de former des catégories spéciales.

Têtes de pont. — Pour s'assurer la possession d'un pont, les Romains plaçaient aux abords des postes spéciaux qui s'y retranchaient et y campaient aussi longtemps que l'exigeaient les opérations de la campagne. C'est ainsi que César laissa sur la rive gauche du Rhin une garde de douze cohortes bien retranchées.

(1) De B. G., VI, 29.

« magnis munitionibus firmat »[1], pour garder la partie du pont de bateaux qu'il avait conservée. De même, afin de protéger le pont qui traversait l'Aisne, il fit élever, sur la rive gauche, un castellum dans lequel il établit six cohortes sous le commandement du légat Sabinus[2].

Dans les deux exemples que nous venons de citer, le camp se trouve établi sur la rive opposée à l'ennemi et le fleuve, placé en avant, contribue à sa défense. Mais la tête du pont elle-même est gardée, quoique par une garnison plus faible. Sur le Rhin, une seule tour construite sur le dernier bateau suffit pour cet objet ; sur l'Aisne, c'est un petit poste.

Ce dernier était évidemment retranché ; mais peut-être s'était-on contenté d'une simple palissade. Végèce, en effet, recommande, lorsqu'on doit exécuter un passage de rivière, de placer sur chaque rive de petits postes, défendus au besoin par une palissade[3]. Dans le cas toutefois d'une occupation de quelque durée, il prescrit de recourir à un véritable retranchement[3].

Quelle était la forme de ces ouvrages ? Ni César, ni Végèce ne le disent. Celui que défendait Sabinus est désigné sous le nom de *castellum* ; les autres n'ont point d'appellation spéciale : nous savons seulement que leurs retranchements étaient importants. Cependant ceux de la rive opposée à l'ennemi nous paraissent les plus considérables : là campaient sans doute les troupes proposées à la garde du pont, tandis que les postes de l'autre rive, trop exposés aux attaques, étaient sans cesse renouvelés comme les garnisons des redoutes. Les premiers étaient donc faits à l'image des camps passagers et entourés comme eux d'une enceinte rectangulaire ou carrée, avec cette différence peut-être que le côté qui longeait la rivière, suffisamment défendu par elle, restait ouvert, tandis que les seconds étaient, comme les redoutes, munis d'une enceinte irrégulière ou peut-être demi-circulaire, ouverte également à la gorge, c'est-à-dire du côté qui s'appuyait à la rivière.

Les fosses secrètes. — Dion Cassius nous apprend[4] que les sol-

1) *De B. G.*, II, 5, et II, 9.

2) « In utraque ripa collocantur armata præsidia.... cautiùs tamen est *studes* ex utraque parte prætigere. » — *De re mil.*, lib. III.

3) « In utraque capite, percussis latioribus fossis, aggereque constructo, defensores milites debet accipere. » *Id.*

4 Dion Cassius, LXXV, 6.

dats d'Albinus avaient pratiqué en avant de leur ligne de bataille des fosses secrètes et des trous recouverts de terre à la superficie. Ces défenses, que nous verrons employées presqu'à toutes les époques et par les peuples les plus différents étaient des pièges tendus à l'ennemi qui s'avançait inconsidérément pour aborder son adversaire. A cause de leur mode de construction même et de leur peu de profondeur probable ils ne doivent pas avoir laissé de traces au-dessus du sol.

Trous de loups. — D'autres défenses accessoires, à peu près du même genre, avaient pour but de rendre inabordables les ouvrages de fortification. Elles consistaient en plusieurs rangées de trous en quinconce, de 3 pieds de profondeur, creusés en forme d'entonnoirs, au fond desquels était fixé solidement un gros pieu aigu dont la pointe dépassait légèrement le niveau du sol. Ces trous étaient appelés *lilia* à cause de leur ressemblance avec la fleur du lis[1]. On les emploie encore aujourd'hui sous le nom de *trous de loups.*

FORTIFICATION PERMANENTE

LES PLACES FORTES

Dates de la construction des enceintes gallo-romaines.

Immédiatement après la conquête romaine la Gaule se transforme. Les discordes qui divisaient ses populations cessent; en même temps disparaît la crainte de l'envahisseur que les légions romaines maintiennent au delà du Rhin. Grâce à cette sécurité les oppidums situés sur les lieux élevés sont abandonnés, les autres, en plus petit nombre, établis dans des régions plus hospitalières, continuent à être habités; mais leur enceinte, devenue inutile, est détruite ou abandonnée à la ruine : ainsi disparaît la *muraille gauloise*, en pierres et poutres ou en grosses pierres sans mortier; que remplacera l'enceinte en maçonnerie tracée suivant les prin-

[1] *De Bello gall.*, VII, 73.

cipes de la fortification romaine. Mais cette substitution ne sera pas immédiate, du moins à l'intérieur de la Gaule, où pendant les trois premiers siècles de l'occupation, certaines villes seulement, en très petit nombre, sont munies de fortifications. C'est dans le courant du III siècle, alors que la ligne de défense du Rhin n'oppose plus une barrière infranchissable aux invasions, que les villes les plus rapprochées de la frontière d'abord, et successivement celles de l'intérieur, s'entourent d'une enceinte défensive.

Un examen rapide des événements militaires de la Gaule pendant la période gallo-romaine justifiera cet aperçu.

1° De la conquête à l'an 70 de J.-C. — Dans le nord de la Gaule César avait reculé jusqu'au Rhin les limites de l'Empire romain. C'est là que s'établirent les légions afin d'assurer l'inviolabilité du territoire, tandis qu'à l'intérieur un petit nombre d'hommes et quelques auxiliaires suffisaient au maintien de la tranquillité parmi les populations nouvellement soumises. Tacite nous apprend en effet, que la principale force de Rome était huit légions sur le Rhin destinées à contenir également les Germains et les Gaulois[1] et nous lisons dans Josèphe qu'en dehors de l'armée de Germanie douze cents soldats avaient suffi à maintenir l'ordre dans les Gaules[2].

La ligne de défense que les Romains élevèrent sur la frontière fut longtemps efficace et pendant trois siècles la Gaule fut absolument fermée aux barbares ; car on ne saurait attacher une grande importance aux deux incursions des Celtes en l'an 15 av. J.-C. et des Cauques en l'an 195 après J.-C. Auguste refoula facilement les premiers[3] et les seconds, qui s'étaient jetés sur la Belgique, furent repoussés sans autre secours que celui des habitants rassemblés tumultuairement[4].

À l'intérieur, en revanche, et jusqu'en 70 ap. J.-C., plusieurs révoltes se produisirent.

En l'an 21, les Belges se soulèvent à l'instigation de Florus.

<hr>

1. Tac., *Ann.*, IV, 5.
2. Josèphe, *Bell. Judaic.*, II, XVI, 4.
3. Dion Cassius, LIV, 20.
4. Spartien, *Vie de Didius Julianus*, chap. 1.
(5. Antérieurement à cette époque quelques désordres s'étaient produits en Gaule ; mais ils avaient été de peu d'importance et de courte durée, car dès l'an 27 av. J.-C. Auguste trouva les populations assez apaisées pour en faire le dénombrement et régler leur état civil et politique. Dion Cassius, LIII, 22.

mais bloqué de toutes parts, dans le pays de Trèves, Florus est contraint de se donner la mort[1]. A la même époque les Andécaves et les Turons lèvent l'étendard de la révolte. La cohorte de Lyon renforcée d'un corps de légionnaires de l'armée du Rhin inférieur bat les Turons et fait rentrer les Andécaves dans le devoir[2].

Dans ces deux mouvements la fortification permanente ne semble avoir joué aucun rôle. Si les villes des Belges, des Andécaves et des Turons avaient été fortifiées elles auraient nécessité des sièges dont l'histoire ferait mention et les Romains n'auraient point eu si facilement raison des révoltés.

Cependant les Éduens se soulèvent à leur tour au 21 av. J.-C.; Sacrovir qui les commandait s'était emparé d'Autun. Deux légions et un corps d'auxiliaires partis du Rhin marchent contre lui. Sacrovir battu va chercher dans Autun un refuge momentané[3]. Ce fait et celui de l'occupation de cette place par les cohortes des révoltés[4] prouvent suffisamment qu'Autun était fortifié à cette époque.

L'année 67 nous montre non plus les Gaulois soulevés contre leurs vainqueurs, mais les Romains combattant entre eux. Vindex propréteur de la Gaule, lassé d'obéir à Néron, avait offert l'empire à Galba. Rufus, qui commandait en Germanie, se met en marche comme s'il avait dessein de le combattre. Arrivé devant Besançon il l'assiège sous prétexte que cette place n'avait pas voulu le recevoir. Vindex, de son côté, vient au secours de Besançon, mais avec l'espoir de s'entendre avec Rufus et de le gagner à son parti; un malentendu met les deux armées aux prises. Vindex est battu et se donne la mort[5].

Il ressort de ce récit que Besançon était fortifié; c'est l'une des seules villes situées à quelque distance de la frontière dont la fortification à cette époque ne puisse faire aucun doute.

La révolte de Civilis, en l'an 69, est la plus sérieuse que les Romains aient eu à combattre en Gaule pendant les trois premiers siècles de leur occupation. Civilis avait avec lui les Caninefates, les Frisons et les Bataves : ses premiers succès lui valurent les

1) Tacite, *Ann.*, III, 42.
2) Tacite, *Ann.*, III, 40 et 41.
3) Tac., *Ann.*, III, 45, 46 et 46.
4) «...Augustodunum... armatis cohortibus Sacrovir occupaverat.» — Tac., *Ann.*, III, 43.
5) Dion Cassius, LXIII, 24.

secours des Ubiens, des Trévires, des Ménapiens et des Morins :
les légions elles-mêmes firent défection sur le champ de bataille
et pour soumettre les révoltés Rome se vit forcée d'envoyer quatre
légions nouvelles. Après une résistance énergique, Civilis acculé
dans l'île des Bataves finit par se rendre [1].

Dans cette guerre, sauf une marche de Sabinus contre les
Séquanes restés fidèles, toutes les opérations eurent pour théâtre
les rives du Rhin et de la basse Moselle et c'est là qu'on pourrait
chercher la trace des camps passagers fortifiés dont, au témoignage
de Tacite, les deux partis firent usage. Mais la lutte s'engagea
surtout autour des camps permanents de Neuss, de Vetera, de
Mayence, de Vindonissa et Gelduba. Ces camps faisaient partie du
système de défense de la frontière. Ils étaient occupés uniquement
par les légions ; mais à proximité s'étaient créées des bourgades [2]
qui devinrent plus tard des villes et gardèrent leurs noms : telles
Neuss, Bonne et Mayence.

Le nombre des villes citées par l'auteur latin à l'occasion de ces
événements est très restreint : ce sont Cologne, Trèves et Metz
dans le voisinage de la frontière, Lyon, Vienne et Langres à l'intérieur. Les quatre premières étaient fortifiées [3] ; pour les deux
autres nous n'avons aucun texte qui le prouve ; mais toutes les
probabilités sont en faveur de cette conclusion : déjà nous avons
vu que Besançon et Autun étaient des places fortes. Les sept villes
citées dans cette première période avaient donc toutes, vraisemblablement, une enceinte fortifiée. On pourrait être tenté d'en conclure qu'il en était de même des autres villes de la Gaule. Mais il
convient de remarquer que celles dont il est ici question se trouvaient dans une situation particulière qui rendait leurs fortifications nécessaires. Ainsi Cologne, Trèves et Metz se trouvaient trop
près de la frontière pour être laissées sans défenses : en outre les
deux premières, ainsi que Lyon, Vienne et Autun, étaient des
colonies [4], c'est-à-dire des villes nouvellement fondées et occupées

(1) Tacite, *Hist.*, IV, 12 à 78 et V, 14 à 23.

(2) « Une espèce de ville, qui, à l'abri d'une longue paix, s'était formée non loin
du camp de Vetera ». Tac., *Hist.*, IV, 22.

(3) Cologne, Oppidum Ubiorum, Tac., *Ann.* XII, 27. Ailleurs Tacite nous
parle des murs de la ville, Tac., *Hist.*, III, 64 et 65. Les légions romaines
campent devant les *murs* de Trèves, « ante *mœnia* Treverum, » Tac., *Hist.*,
III, 62. Lyon avait été *assiégé* par les habitants de Vienne « *obsessam coloniam* ».
Tac., *Hist.*, I, 65.

(4) Cologne était la « colonie d'Agrippine » d'où le nom qui lui est resté.

par des Romains[1] ou des étrangers[2]. On ne pouvait pas les laisser sans murailles au milieu d'un pays récemment conquis. Seules les villes de Besançon et de Langres étaient d'anciens oppidums gaulois, dont la fortification avait été évidemment transformée suivant la mode romaine. Il serait difficile de dire pour quelles raisons. On peut conjecturer seulement que les Romains possédaient de même un certain nombre de places fortes sur le territoire de la Gaule, où ils plaçaient, non pas leurs légions, mais leurs auxiliaires : c'est ainsi que Langres à l'époque qui nous occupe contenait huit cohortes de Bataves qui formaient les auxiliaires de la XIV° légion[3].

Toutes ces villes se trouvaient donc dans des situations exceptionnelles et de ce qu'elles étaient fortifiées on ne peut pas conclure que les autres le fussent : on doit admettre bien plutôt qu'elles avaient abandonné ou renversé leurs murailles après la conquête. On ne comprendrait pas, en effet, que le vainqueur eût laissé aux mains d'une population nouvellement soumise des moyens de résistance aussi efficaces. A l'appui de cette opinion nous rappellerons que, dans les révoltes des Belges, des Andécaves des Turons et des Éduens, les villes de la Gaule ne jouèrent aucun rôle actif. C'est pour cette raison sans doute que l'histoire tait leur nom pour ne parler que de celles qui prirent part aux luttes

Tac., *Ann.*, XII, 27. In coloniam Trevorum. Tac., *Hist.*, III, 62. Pour Lyon, nous avons divers passages de Tacite, *Hist.*, I, 52 et 65 et de Dion Cassius, XLVI, 50. Pour Vienne, voir Tac., *Hist.*, I, 65. Quant à Autun elle avait été fondée par Auguste comme le prouve son nom latin *Augustodunum*.

C'était un usage constant chez les Romains de créer des établissements permanents dans les pays conquis. Dion Cassius nous dit à propos des événements de l'an 9 « que dans la Celtique les Romains possédaient quelques régions, non pas réunies, mais éparses selon le hasard de la conquête : des soldats y avaient leurs *quartiers d'hiver* et y formaient des *colonies*. Dion Cassius, LVI, 18.

(1) Agrippine avait établi dans Cologne des vétérans de l'armée romaine. Tac., *Ann.*, XII, 27. Trèves était habitée par des négociants romains. Tac., *Ann.*, III, 42.

(2) Les Allobroges s'étaient établis à Vienne après en avoir chassé les habitants. Dion Cassius, XLVI, 50 : ce qui fait dire aux habitants de Lyon que tout y était étranger et ennemi. Tac., *Hist.*, I, 65.

(3) Tac., *Hist.*, I, 59. De là l'importance des villes qui renfermaient des garnisons de cette nature et le rôle qu'elles jouent dans les événements de cette époque. Et cela explique pourquoi Tacite nous dit que pour reconnaître Vitellius empereur, Cologne, Langres et Trèves montrèrent autant d'ardeur que les troupes (des légions). Tac., *Hist.*, I, 57.

de cette époque et cela explique d'ailleurs pourquoi toutes les villes citées étaient des places fortes, à une ou deux exceptions près peut-être.

En résumé, pendant cette première période les vieux oppidums gaulois disparaissent et sont remplacés par des villes ouvertes ; c'est au vainqueur en revanche qu'il appartient de protéger la Gaule contre l'invasion étrangère. Les Romains ne manquent pas à ce devoir et, dans ce but, ils élèvent le long de la frontière un rempart soutenu de distance en distance par des camps permanents et des tours où s'établissent leurs légions.

L'étude de cette organisation défensive fera le sujet d'un autre chapitre.

2° *De 70 à 235.* — La révolte de Civilis semble avoir été la dernière protestation d'un peuple incomplètement soumis, et de l'an 70 à l'an 235 une paix profonde règne en Gaule. Car le soulèvement des Séquanes 161-180 fut apaisé par une simple censure de Marc Antonin[1]. Pendant cette période également aucun mouvement sur la frontière. Il serait bien étonnant que la surveillance ne se fût pas relâchée dans des conditions aussi favorables. On oublie vite, lorsque la menace a disparu, les enseignements d'une époque de troubles et de dangers : les fortifications, cet obstacle permanent au développement des villes, sont bientôt méprisées et abandonnées par les populations que la crainte ne tient plus. Il est donc parfaitement inutile d'attribuer à la Gaule pendant les trois premiers siècles de l'occupation romaine d'autres places fortes que celles de la période comprise entre la conquête et l'année 70 de notre ère.

3° *De 235 à 286. Les premières incasions.* — Cependant ce calme ne devait pas durer toujours. Vers le milieu du III° siècle les barbares recommencent leurs tentatives contre la Gaule, d'autant plus dangereuses cette fois que les défenseurs de l'Empire romain sont divisés : nous touchons en effet à l'époque des Trente tyrans.

Ce furent les Germains qui vers 235 entamèrent la lutte ; mais ils s'arrêtèrent à peu de distance de la rive gauche du Rhin, si toutefois ils traversèrent ce fleuve, puisque l'histoire nous montre Maximin, qu'on avait envoyé pour les combattre, passant *immé-*

1 Jul. Capitolinus. *Vie de Marc Antonin.*

diatement dans la Germanie transrhénane qu'il incendie et pille sur une étendue de 3 à 400 milles [1].

La tentative des Franks en 241 parait encore moins sérieuse. Aurélien, alors tribun, en serait venu à bout en leur tuant sept cents hommes et en leur faisant trois cents prisonniers [2]. Mais ces mouvements n'étaient que le prélude d'invasions plus redoutables, une sorte de reconnaissance poussée par l'ennemi. Bientôt, en effet, les barbares redoublent d'efforts : Postumus leur résiste pendant sept ans ; mais après sa mort la barrière est renversée. Lollien la rétablit. Après lui Victorin et Tétricus continuent la lutte avec des alternatives de revers et de succès. Probus enfin 276-282 bat les Germains et les refoule au delà du Necker et de l'Elbe. La Gaule était encore une fois sauvée des barbares.

Au milieu de ces tentatives du dehors l'indiscipline des légions causa à l'intérieur de nouvelles calamités : les soldats du Rhin nommèrent un empereur ; elles opposèrent Postumus à Gallien et pendant plusieurs années ce fut entre ces deux empereurs une guerre continuelle.

Nous allons reprendre ces évenements et examiner le rôle de la fortification dans la période correspondante et quels furent les territoires atteints.

Nous avons vu que les incursions de 235 et de 241 ne dépassèrent pas sensiblement les rives du Rhin. Celles qui se produisirent du temps de Postumus eurent plus de portée. Si l'on en croit certain récit, la plus grande partie de la Gaule aurait été envahie à cette époque : « Gallis parte maxima obsessis », nous dit, en effet, l'auteur de la *Vie de Gallien* [3], quand il nous raconte la lutte de cet empereur contre Postumus. Mais ailleurs il nous a montré ce dernier défendant efficacement la Gaule contre les invasions des barbares [4]. Il paraît facile d'expliquer cette contradiction apparente, en admettant [5] que les bandes, qui parcoururent la Gaule

---

(1) J. Capitolinus, *Vie de Maximin*, XII.

(2) Flavius Vopiscus qui nous donne ce détail dit que les Franks se répandirent dans *toute la Gaule* « vagarentur per totam Galliam ». Il y a exagération évidente, puisque, d'après l'auteur lui-même, il suffit à Aurélien de tuer sept cents hommes pour avoir complètement raison des envahisseurs. Flavius Vopiscus, *Vie d'Aurélien*, VII.

(3) Trebellius Pollion, *Vie de Gallien père*, V.

(4) Id., *Vie de Posthumus*.

(5) Henri Martin, *Hist. de France*, tome I, page 149.

à cette époque, provenaient précisément des Franks que Postumus avait attirés à sa solde. Ce sont ces mêmes bandes, qui suivant Aurélius Victor[1] se seraient emparées de l'Espagne après avoir pillé la Gaule.

C'est à la même époque que les Alamans conduits par leur roi Chrocus auraient envahi l'est de la Gaule, pris et incendié plusieurs villes, parmi lesquelles Langres et Clermont, pour se disperser à la mort de leur chef, survenue bientôt après, devant Arles[2].

Il faut faire une bonne part à l'exagération dans les récits des auteurs latins ; mais il est constant qu'à cette époque, c'est-à-dire entre les années 253 et 268, la Gaule fut désolée par des bandes de pillards qui menacèrent principalement les villes, centres des richesses. Aussi paraît-il naturel d'admettre que les villes restées jusqu'alors ouvertes aient commencé à s'entourer de murailles pour prévenir le retour de pareilles surprises. Toutefois nous n'avons aucune donnée certaine à cet égard.

Nous savons seulement par le récit de la lutte de Postumus et de Gallien que des places fortes existaient dans le voisinage du Rhin, puisqu'il y eut plusieurs sièges[3]. Il est probable que la zone sur laquelle elles s'étendaient s'éloignait peu du Rhin. En effet, avant son élévation à l'empire, Postumus était commandant des frontières[4]. L'énergie avec laquelle, dans ces fonctions, il avait repoussé les tentatives des barbares lui avait valu la reconnaissance des peuples de la Gaule qui le proclamèrent empereur. Un pareil sentiment ne pouvait guère se produire que chez des populations directement menacées par l'invasion, c'est-à-dire celles qui étaient voisines de la frontière. C'est ainsi que les Celtes et les Franks, qui déjà s'étaient établis sur la rive gauche du Rhin, prêtèrent leur appui à Postumus, dont le domaine comprenait de la sorte une zone plus ou moins large au nord-est de la Gaule. C'est ce territoire relativement restreint qu'il défendit à la fois contre les barbares et contre l'Empire romain, ici à l'aide de ses *places fortes* principalement, là en prenant l'offensive et refoulant loin des frontières les nations de la Germanie[5].

(1) Aurélius Victor, *De Cæsaribus Epitome, Licinius Gallien.*
(2) Grégoire de Tours, I, 3o.
(3) Trébellius Pollion, *Vie de Gallien père*, IV.
(4) Id., *Vie de Postumus.*
(5) Trébellius Pollion, *Vie de Postumus.*

Tant que vécut Postumus la barrière du Rhin ne fut pas forcée ; mais à sa mort les Germains, renversant les camps permanents qu'il avait élevés sur leur territoire, franchirent le Rhin et foulèrent le sol de la Gaule où ils détruisirent un grand nombre de villes [1].

Lollien (266-267) rétablit les cités qui avaient été détruites et les camps permanents de la rive droite [2]. Victorin et Tétricus continuèrent son œuvre ; mais après eux la Gaule fut envahie de nouveau et lorsque Probus, en 276, fut envoyé pour combattre les Germains les désastres étaient plus grands qu'ils ne l'avaient jamais été. « Les Barbares parcouraient toutes les côtes et même toutes les Gaules avec sécurité ; soixante villes parmi les plus importantes étaient entre leurs mains. Probus leur tue près de quatre cent mille hommes et refoule le reste au delà de l'Elbe et du Necker [3] » D'après ce récit, on doit admettre que l'invasion s'étendit cette fois assez loin de la frontière. Cependant il ne faudrait pas en conclure qu'elle couvrit toute la Gaule, malgré l'expression de l'auteur latin [4]. Au temps de Josèphe, soixante villes auraient formé le vingtième de la Gaule : or depuis cette époque trois siècles de prospérité avaient dû en augmenter le nombre. Il faut donc croire à une grande exagération chez l'historien, exagération d'autant plus explicable qu'il reproduit la lettre par laquelle Probus annonçait *lui-même* au Sénat sa victoire, et admettre que, si l'invasion fut plus sérieuse que les précédentes, cependant elle n'atteignit pas encore le cœur de la Gaule.

Il paraît résulter de ce qui précède que pendant la période que nous examinons, aux places fortes qui déjà s'élevaient sur la frontière, d'autres s'ajoutèrent à l'intérieur, qu'elles aient été élevées d'ailleurs par les tyrans pour se maintenir en Gaule contre Rome ou pour résister aux invasions devenues chaque jour plus menaçantes. Nous croyons que la zone correspondante s'éloignait peu, relativement, de la frontière ; mais nous devons avouer que nous n'avons rien de précis à cet égard. Nous savons seulement

---

(1) Id., *Vie de Lollien* : Plerasque Galliæ civitates, nonnulla etiam castra, quæ Posthumius... in solo barbarico ædificaverat. » Les camps permanents dont il est ici parlé faisaient partie du système de défense de la frontière. Il ne faut pas les confondre avec les villes fortifiées qui existaient le long de la frontière.

(2) Trébellius Pollion, *Vie de Lollien*.

(3) Fl. Vopiscus, *Vie de Probus*.

(4) « Quæ omnes possessæ », nous dit Fl. Vopiscus.

que les enceintes d'Orléans et de Dijon [1] datent de cette époque;
car l'une et l'autre doivent être attribuées à l'empereur Aurélien.

4° *De 282 à 337*. — Dans l'intervalle qui sépare la victoire de
Probus de la mort de Constantin les menaces d'invasion continuent
à se produire; mais un calme relatif n'en règne pas moins en
Gaule. Des bandes parcourent la Belgique sous Maximien et vers
286 des descentes de pirates inquiètent les côtes de l'Océan. Sous
Constantin enfin les Alamans forçant la barrière élevée à la lisière
des champs Décumates s'avancent jusqu'à Langres; mais ils sont
défaits et refoulés au delà de la frontière par Constance qui rétablit encore une fois la ligne de défense [361].

Il est possible que ces diverses incursions aient motivé la construction de nouvelles enceintes autour des villes situées sur le
littoral, celle de Gesoriacum [2] en particulier; mais il est moins
probable qu'il en ait été de même à l'intérieur de la Gaule où l'invasion ne s'étendit pas au delà des limites atteintes dans la période
précédente.

5° *De 337 à 407*. — Exclusivement préoccupé d'affermir le
pouvoir impérial, Constantin avait dispersé les légions de la frontière dans les villes de l'intérieur [3]. C'était ouvrir aux barbares les
portes de la Gaule. Aussi dès la première année de sa mort les
Francs traversèrent-ils le Rhin pour s'établir sur la rive gauche.
Cette tentative fut bientôt suivie de plusieurs autres et le nord-est
de la Gaule se trouva livré au pillage, à la dévastation et à l'incendie. C'est alors que Constance proclame Julien César et lui
donne le gouvernement de la Gaule [355] [4].

Julien hivernait à Vienne quand il reçut avis d'une brusque
attaque des barbares contre l'antique cité d'Autun : aussitôt il se
rend dans cette place à *travers les bandes ennemies*; de là il gagne
Auxerre puis Troyes. Une fois seulement il est attaqué dans sa

---

(1) Grégoire de Tours, III, 19.

(2) Gesoriacum Boulogne était fortifié à cette époque. En 292 Constance
Chlore assiegea cette ville dont Carausius s'était emparé. Eumène, *Panegyric.
in Constantia*. Le récit des événements de cette période nous montre également
que Langres et Autun étaient fortifiés. Mais ces villes l'avaient été de tout temps,
suivant toutes les probabilités.

(3) Zosime.

(4) Amm. Marcellin, XV.

marche. Enfin il arrive à Reims où était fixé le rendez-vous général. Les barbares, malgré quelque pointes audacieuses, étaient encore pour la plupart arrêtés sur la rive gauche du Rhin : Cologne venait, après un siège obstiné, d'être prise d'assaut ; Strasbourg, Brumath, Spire, Worms, Mayence étaient entre leurs mains. Julien pousse directement sur Dieuze : quelques escarmouches n'arrêtent pas sa marche et il arrive à Cologne après avoir défait les barbares à Brumath. Les défenses de Cologne rétablies, Julien vient hiverner à Sens où il aurait été assailli par une multitude d'ennemis ; mais le trentième jour, les barbares découragés levèrent le siège [1].

Au printemps Julien reprend la campagne et marche sur le Rhin. Vingt-cinq mille hommes de renfort qui lui arrivaient par Bâle sont battus par les Barbares, qu'il défait à son tour complètement non loin de Strasbourg [2].

Quelque temps après Julien compléta sa victoire en battant les Alamans et les Franks. C'est alors qu'il fut proclamé Auguste par les légions de la Gaule (360).

Grâce à Julien l'Empire romain avait recouvré une fois encore ses anciennes limites. Après lui Valentinien et Gratien maintinrent sur le Rhin la domination romaine. En 377, sous le premier de ces empereurs, trois corps de barbares se répandirent en Gaule ; mais ils furent battus successivement à Scarponne, sur la Moselle et à Châlons-sur-Marne [3].

De son côté Gratien battit en 377 près de Argentaria [4] les Alamans Lentiens qui commençaient à insulter nos frontières [5].

Enfin, vers 388, les Franks, sous la conduite de Gennobaude, de Marcomer et de Sunnon firent irruption en Germanie et portèrent l'épouvante jusqu'à Cologne. Ils furent défaits et poursuivis jusque dans leurs retraites [6].

Comme on vient de le voir, toutes les luttes de cette période eurent pour théâtre les bords du Rhin et de la Moselle, à l'exception seulement de la bataille de Châlons-sur-Marne et quelques

1) Amm. Marcellin, XVI, 2.

2) à 21 milles de Tres Tabernæ. Amm. Marcellin, XVI, 9 (Saverne probablement).

3) Amm. Marcellin, XXV, 8.

(4) Non loin de Colmar.

5) Amm. Marc., XXXI, 10.

6) Grégoire de Tours, II, 9.

escarmouches au début de la première expédition de Julien. Le nord-est de la Gaule eut donc seul à souffrir et c'est dans cette région uniquement que les villes purent éprouver le besoin de se fortifier. Mais la plupart d'entre elles, sinon toutes, l'étaient déjà ; nous avons vu, en effet, que dans une période précédente elles s'étaient munies d'une enceinte : à l'époque où nous sommes arrivé elles n'eurent donc qu'à la remettre en état de défense, et « chaque ville de la Gaule, semblable à un camp, se prépara à la résistance »[1].

Ces places se pressaient nombreuses sur la frontière : c'étaient *Argentoratum* (Strasbourg), *Colonia* (Cologne), *Tres Tabernæ* (Saverne), puis *Castra Herculis* (?), *Quadriburgium* (?), *Tricesimæ* (Kellen), *Novesium* (Neuss), *Bonna* (Bonn), *Antennacum* (Andernach) et *Bingio* (Bingen), dont Julien releva les fortifications en 359[2]. Brumath, Seltz, Spire, Worms et Mayence étaient également des places fortes[3].

A l'intérieur les villes fortifiées étaient naturellement plus disséminées : dans cette catégorie il faut ranger Autun[4], Auxerre et Reims, sur lesquelles Julien appuya sa marche lors de sa première campagne, Troyes[5] et Sens[6], ainsi que Besançon, Paris, Lyon et d'autres certainement que l'histoire ne cite pas, et dont le nombre devait être relativement considérable à cette époque dans le nord-est de la Gaule. Julien nous dit, en effet, qu'à son arrivée le nombre des villes dont les murs avaient été détruits atteignait quarante-cinq[7].

A ces places fortes il faut en ajouter probablement d'autres élevées vers ce temps-là sur les côtes de l'Océan pour garantir leurs habitants contre les descentes des pirates. Nous savons, en effet, par la *Notice des dignités de l'Empire*, que vers la fin du IVe siècle des troupes étaient préposées à la garde du *littus Saxoni-*

---

1) Lettre de l'empereur Julien. Dom Bouquet, tome I.

(2 Amm. Marcellin. XVIII, 2.

3 Ammien Marcellin ne le dit pas expressément ; mais il nous apprend qu'à l'arrivée de Julien ces villes étaient entre les mains des Barbares qui n'en occupaient que les *dehors* parce qu'ils avaient peur des places fortes « oppida » qu'ils regardaient comme autant de tombeaux entourés de filets. Am. Marc., XVI, 2.

4 Autun fut *assiégé* par les Barbares.

5 Troyes hésita longtemps à *ouvrir ses portes* à Julien. Am. Marc., XVI, 2.

6) Julien fut *assiégé* dans Sens. Id.

7) 1re lettre de l'empereur Julien à l'empereur Constance. V. Dom Bouquet, tome I.

cum. Il est naturel de penser qu'elles tenaient garnison dans quelques camps permanents [1] et que la défense des villes du littoral était confiée aux habitants.

6° *De 407 à la fin de l'occupation romaine*. — Valentinien et Gratien, les successeurs de Julien, avaient maintenu quelque temps encore la domination romaine sur les bords du Rhin. Mais déjà pour résister aux Barbares ils avaient été obligés de recourir à des chefs étrangers et l'on peut dire que dès cette époque le sort de la Gaule se trouvait entre les mains de ses futurs envahisseurs. Aussi les voyons-nous sans étonnement livrer passage à l'invasion de l'an 407.

Ce fut un formidable débordement : Vandales, Sarmates, Alains, Hérules, Alamans et Burgondes traversèrent le Rhin au-dessous de Mayence ; puis après avoir détruit cette ville et dévasté Strasbourg, ils se dirigèrent par le défilé de Saverne sur Reims pour répandre de là la désolation chez les Ambiens, les Atrébates, dans le pays de Tournai et jusque chez les Morins. Ensuite ils se jetèrent sur l'Aquitaine, la Novempopulanie, les provinces Lyonnaise et Narbonnaise dont ils ravagèrent toutes les cités et après neuf années de dévastation atteignirent enfin les Pyrénées qu'ils traversèrent.

C'est à cette époque évidemment qu'il faut faire remonter la fortification de la plus grande partie des villes de l'intérieur et du midi de la France. Menacées pour la première fois par cette invasion soudaine elles durent élever à la hâte des enceintes fortifiées. Les découvertes archéologiques confirment cette fois notre opinion [2]. On sait en effet que beaucoup de murailles antiques dont on a retrouvé les restes dans le sous-sol de nos grandes villes présentent à la base plusieurs assises composées de débris de monuments, preuve de la précipitation avec laquelle elles furent construites [3]. D'autre part les inscriptions recueillies sur les débris sont presque

---

(1) Les vignettes de la *Notitia dignitatum*, pars occid., cap. XXXVI, représentent sous la forme de *castellum* la résidence du tribun ou du préfet de chacune des dix garnisons préposées à la garde du littoral.

(2) De Caumont, *Cours d'antiquités monumentales*, tome II, chap. IX.

(3) Il est curieux de rapprocher de ce fait ce que dit Thucydide en parlant du mur de Thémistocle à Athènes, qu'on aurait redressé promptement en y entassant pêle-mêle des fûts de colonnes, des marbres sculptés, et des pierres de taille de toute espèce non appareillées. Thucyd., I. 93.

toutes du IVe siècle ; les monnaies trouvées au milieu de la maçonnerie ont conduit au même résultat : celles des murailles de Tours s'arrêtaient à Gratien (373-383). Ces enceintes ont donc été construites à la fin du IVe siècle ou au commencement du Ve, au plus tard, par conséquent en vue de l'invasion de l'année 407. Les découvertes faites jusqu'à ce jour rangent dans cette catégorie : Orléans, Auxerre, Angers, Bordeaux, Saintes, le Mans, Lillebonne, Évreux, Bayeux, Périgueux, Langres, Reims, Sens, Narbonne, Beauvais, Troyes[1].

Il est assez difficile de résumer les événements qui suivirent. Quelques parties de la Gaule se déclarent indépendantes ; en même temps les Franks et les Burgondes au nord, et les Wisigoths au sud s'installent sur son territoire ; la plupart d'ailleurs avec le consentement des anciens maîtres de la Gaule, trop heureux de trouver en eux les défenseurs d'une contrée qu'ils sont désormais impuissants à protéger seuls. Cependant le centre du territoire depuis la Somme jusqu'à la Loire obéit encore à Aétius qui représente la puissance romaine. Mais cette puissance elle-même n'aura plus qu'une courte durée. Les nations encore tributaires cherchent à secouer entièrement le joug et à y agrandir leur domaine. En 428 Aétius est obligé de marcher contre les Franks auxquels il reprend un instant les terres qu'ils occupaient dans le voisinage du Rhin. La même année il repousse les Burgondes qui voulaient s'emparer de Metz et de Toul. En 430 il défait près d'Arles une troupe de Goths. Il bat de nouveau les Franks en 431. En 435 enfin il réduit les Burgondes révoltés. Efforts inutiles : en 446, il est battu à son tour par les Franks près de Cambrai et Clodion leur chef s'avance jusqu'à la Somme[2].

L'invasion d'Attila en 451 groupa un instant autour des aigles romaines les peuples qui s'étaient partagé la Gaule. Cette campagne est trop connue pour qu'il soit utile d'en faire le récit : nous rappellerons seulement que le premier acte de ce drame eut pour théâtre les environs de Metz et de Scarponne, le second ceux d'Orléans, le dernier enfin les champs Catalauniques.

---

(1) Quelques unes de ces places fortes existaient certainement avant cette époque : de ce nombre étaient Langres, Sens et Troyes ; et il est probable que le mode de construction indiqué ne s'est retrouvé que localement dans leurs enceintes en des points réparés ou ajoutés pour l'amélioration de la fortification.

2 Grégoire de Tours, II, 9.

Après l'invasion de 451, Ægidius, qui représente la puissance romaine, lutte encore pour se maintenir en Gaule. Son fils Syagrius, qui lui succède, combat encore pendant plusieurs années contre les Wisigoths et les Saxons[1]. On se bat autour de Bourges, d'Angers et de Clermont. Mais les Romains perdent de plus en plus du terrain. En 471, ils cèdent l'Auvergne. Enfin Syagrius est battu près de Soissons par Clovis qui s'empare de son royaume. C'en était fait de la domination romaine en Gaule.

Il est facile de définir le rôle des places fortes dans cette dernière période.

Nous avons vu que vers le milieu de IVe siècle, sous la menace des invasions, un grand nombre de cités du nord est s'étaient entourées de murailles. Mais ce fût l'invasion de 407 qui amena la construction de fortifications nouvelles et ce fut seulement à cette époque que des villes de l'intérieur, comme Saintes, Périgueux, Angoulême, élevèrent leurs enceintes.

Alors en revanche disparut la ligne de fortifications élevée sur le Rhin.

A partir du Ve siècle il n'y a plus à rechercher un système général de défense de la Gaule. Partagé presque tout entier entre les Romains, les Franks, les Wisigoths et les Burgondes, son territoire forme autant d'États indépendants, auxquels devraient correspondre autant de systèmes particuliers, si les peuples qui les forment étaient mieux assis dans leurs nouvelles possessions. Mais leurs frontières sont incertaines et elles le demeureront pendant de longues années ; aussi dans les guerres qui vont suivre on construira très peu de places nouvelles, si même on en construit[2], celles qui existaient précédemment sur tout le territoire suffisant largement aux nécessités des luttes à venir[3].

Nous pouvons résumer de la façon suivante l'examen rapide

[1] Les Wisigoths s'étaient avancés jusqu'à la Loire et les Saxons occupaien l'embouchure de ce fleuve.

[2] Quelques places anciennes, moins favorablement situées peut être, pourront disparaître. Troyes, par exemple, qui était fortifiée en 365 (Amm. Marcellin, XVI, 2) se trouvait sans défense en 451 (*Ex vitâ S. Lupi,* apud Bouquet, t. I).

[3] Parmi les places fortes de cette période, les suivantes se trouvent citées dans les auteurs latins : Valence, Arles, Narbonne, Toulouse, Bordeaux, Bazas, Metz, Toul, Tours, Cambrai, Orléans, Clermont, Bourges, Angers, Lyon, Sancerre, Grèzes, Dieuze, Mâcon, et Beaucaire.

que nous venons de faire du rôle des places fortes en Gaule pendant la période gallo-romaine :

Pendant les trois premiers siècles de l'occupation romaine, c'est-à-dire jusqu'en l'année 235, les barbares ne foulèrent pas le sol de la Gaule. Dans cet espace de temps on construit des places fortes sur la rive gauche et même sur la rive droite du Rhin ; à l'intérieur les oppidums gaulois sont détruits ou abandonnés. Si quelques villes fortifiées les remplacent elles sont excessivement rares.

En 235 commencent les incursions des Barbares ; mais ce n'est que vers 268 qu'elles s'étendent jusqu'à la Moselle et la Meuse. En même temps se produisent les luttes de compétition qui ensanglantent le nord-est. C'est alors que dans la région voisine de la frontière, depuis le Rhin et jusqu'à la Marne probablement, les villes se fortifient.

Un calme relatif de soixante-dix années environ succède à cette période. Puis en 355, les invasions recommencent plus menaçantes : les bandes ennemies poussent des *pointes* jusqu'à Autun. Mais d'une façon général elles ne semblent pas avoir dépassé la limite des précédentes : il n'y a donc pas lieu de supposer que de nouvelles places fortes aient été créées à cette époque.

C'est la grande invasion de l'année 407 qui entraine la construction d'enceintes nouvelles autour des villes du centre et du midi de la Gaule, restées jusqu'alors ouvertes.

Enfin à partir de cette époque et jusqu'à la fin de l'occupation romaine, on ne voit aucune raison de nature à motiver, du moins d'un façon un peu générale, la construction de nouvelles places fortes.

DESCRIPTION DE L'ENCEINTE

Nous avons vu que les villes de la Gaule qui, en très petit nombre d'ailleurs, furent fortifiées dès le début de l'occupation romaine, appartenaient toutes à des catégories particulières qui nous forcent à attribuer aux vainqueurs mêmes la construction de leurs enceintes : leurs remparts furent donc élevés suivant les principes de la fortification romaine. Il en fut évidemment de même des murailles que les habitants de la Gaule bâtirent trois siècles plus tard autour de leurs villes, parce que, à cette époque, ils s'étaient complètement assimilé les arts et les procédés des conquérants. Les principes de la fortification des villes gallo-romaines sont donc ceux de la fortification romaine et nous pouvons pour les connaître recourir aux auteurs latins qui ont écrit sur ce sujet. Ce recours est du reste nécessaire, parce que le temps nous a conservé très peu de débris des enceintes de cette époque : quelques portes de villes à peine, dont la masse a assuré la durée, mais qui ne peuvent nous fournir aucune donnée sérieuse sur la muraille proprement dite, et quelques fortifications retrouvées çà et là dans le sol des villes, dont l'étude peut nous procurer quelques renseignements sur le tracé mais non sur l'organisation défensive de cette muraille.

Les traités didactiques sur la fortification sont d'ailleurs très peu nombreux. Parmi les latins ceux de Vitruve et de Végèce seuls nous sont parvenus ; parmi les grecs celui de Philon de Byzance [1]. Ce dernier semble la source commune à laquelle ont puisé les deux autres [2], ce qui prouverait que les Romains avaient emprunté aux Grecs les principes de la fortification des villes [3]. Cependant Vitruve et Végèce ne s'accordent pas : parmi les types divers décrits par Philon, ils ont adopté chacun un tracé différent, Vitruve le tracé classique, Végèce un tracé particulier, dont on ne connaît aucun spécimen en dehors de l'empire d'Orient. Nous retrouvons ici entre les deux auteurs latins la divergence d'opinion dont nous avons donné un exemple à propos de la fortification passagère, divergence que n'explique pas suffisamment la différence des temps où ils vivaient et qu'il faut attribuer probablement à une influence de race et de milieu.

(1) Voir la *Poliorcétique des Grecs*, trad. de de Rochas. Paris, Tanera. 1872.

(2) « Vitruve, dans son livre X, a partout traduit ou analysé les Grecs. La découverte d'un long fragment d'Athénée, que nous publions plus loin et qui est l'original d'une partie de ce livre X, démontre le fait jusqu'à l'évidence. Le texte latin de Vitruve est si fidèlement calqué en cet endroit sur le texte d'Athénée, que chacun d'eux peut servir à rectifier l'autre. » Wescher, *Notice sur les manuscrits de la Poliorcétique des Grecs*, page x. — Cette observation montre que Vitruve a eu recours aux auteurs grecs dans une large mesure. Nul doute qu'il n'ait puisé de même dans les écrits de Philon de Byzance, dont plusieurs préceptes se retrouvent dans son ouvrage aussi bien d'ailleurs que dans celui de Végèce.

(3) Cela n'est pas vrai en ce qui concerne la fortification passagère, ainsi que nous l'avons fait remarquer.

A cause de ce désaccord, il nous faudra exposer séparément les doctrines de Vitruve et de Végèce, en donnant successivement sur chaque point l'opinion de l'un et de l'autre. Nous le ferons d'ailleurs aussi brièvement que le laconisme de ces auteurs nous y oblige.

De l'assiette. — Vitruve se préoccupe avant tout dans le choix de l'emplacement d'une ville de la salubrité du pays, de ses ressources et de la facilité des voies de communication[1]. Mais il ne fait aucune mention de l'avantage qui pourrait résulter d'une position naturellement défensive.

Végèce distingue deux catégories de villes, celles qui sont défendues par des obstacles naturels et celles qui empruntent à l'art toutes leurs défenses. — Les premières sont plus sûres ; mais, ajoute-t-il, on a vu des villes établies en plaines rendues invincibles par la fortification[2].

Les villes fortifiées par les Romains et les Gallo-Romains ne devaient donc pas présenter forcément une assiette spéciale, caractéristique, comme c'était le cas pour les oppidums gaulois, tous établis sur des positions que des escarpements rocheux, des cours d'eau, des marais ou d'autres obstacles naturels rendaient naturellement fortes. Nous pouvons au contraire les chercher dans les plaines et dans les régions peu accidentées où la fertilité du sol et des commodités diverses engagèrent les populations à transporter leurs demeures après la conquête, créant ainsi de nouvelles villes qui demeurèrent longtemps ouvertes, parce que la sécurité que leur assurait le vainqueur rendait leur fortification inutile.

Tracé. — Les textes de Vitruve et de Végèce relatifs au tracé de la muraille semblent très clairs à première vue ; il n'en est plus de même quand on cherche à en préciser le sens ; aussi ne sommes-nous pas assuré de les avoir interprétés exactement.

Nous lisons dans Vitruve[3] : « Collocanda autem oppida sunt, non quadrata, nec procurrentibus angulis, sed circuitionibus, uti hostis ex pluribus locis conspiciatur. In quibus enim anguli procurrant, difficiliter defenditur, quod angulus magis

---

1. Vitruve, *De arch.*, I, 5.
(2 Végèce, *De re milit.*, IV, 1.
3) *Loc. cit.*

hostem tuetur quam civem. » Ce qui nous paraît signifier qu'il ne faut pas faire les enceintes carrées — à l'inverse de ce qu'on faisait pour les camps, et c'est sans doute pour cette raison que Vitruve fait une mention spéciale de cette forme — et que, quel que soit d'ailleurs le tracé adopté, il faut éviter les angles saillants et les remplacer par des lignes courbes « circuitionibus ».

Puis l'auteur nous explique pourquoi il faut supprimer les angles saillants : c'est parce que, en ces points, le défenseur est moins en sûreté que l'ennemi. Cette assertion a besoin d'être expliquée.

L'expérience prouve que les défenseurs placés au saillant ASB d'un ouvrage (v. fig. 7) tireront toujours perpendiculairement aux côtés AS et SB : ils laisseront par conséquent dégarnis de feux le secteur MSN compris entre les perpendiculaires élevées en S sur les deux côtés adjacents : l'angle MSN est appelé *angle mort* du saillant. L'ennemi s'y trouvera plus à l'abri que partout ailleurs. Il pourra, en outre, y développer pour l'attaque un nombre d'hommes supérieur à celui des défenseurs du saillant, qui eux se trouveront, par conséquent, exposés à des feux convergents.

Si au lieu de l'angle ASB on adopte le tracé circulaire ARB (fig. 8), on voit que les conditions seront meilleures. Les défenseurs battront mieux le terrain en avant parce qu'il leur suffira pour tout voir de donner une légère obliquité à leur tir[1]. Quant à la supériorité du nombre elle sera encore à l'avantage de l'attaque ; mais elle s'atténuera d'autant plus que l'arc ARB aura été tracé avec un plus grand rayon.

Il résulte de ce qui précède que les meilleurs tracés sont ceux qui présentent la figure d'un polygone d'un grand nombre de côtés, dirigés de telle sorte qu'il n'y ait jamais de changements brusques de direction entre les côtés consécutifs. Vitruve avait sans doute en vue de pareils tracés. Cependant nous devons constater que ses prescriptions n'ont pas été suivies dans les enceintes gallo-romaines de Tours, Orléans, Bordeaux, Saintes et du Mans par exemple, dont on a retrouvé les traces dans le sous-sol de ces villes. Elles forment des polygones de quatre à cinq

---

[1] L'angle mort ne disparaît pas, à rigoureusement parler ; il est décomposé en un grand nombre de petits angles. Mais chaque défenseur a un secteur beaucoup moins grand à surveiller que le défenseur unique placé au saillant dans le cas du tracé angulaire.

côtés au plus et présentent par conséquent autant de saillants prononcés. Il est vrai que les angles sont occupés par des tours qui produisent jusqu'à un certain point l'arrondissement demandé par Vitruve (v. fig. 9, *a*, *b*, *c*); malgré cela, les tracés ne nous semblent pas d'accord avec les principes de l'auteur latin. Mais il convient de remarquer que ces enceintes ont été élevées à la hâte [1], plusieurs siècles après l'époque où écrivait Vitruve, et par conséquent par des ingénieurs qui, s'ils connaissaient bien les préceptes du maître, ne furent pas libres d'en faire une application rigoureuse.

Voici maintenant le tracé recommandé par Végèce [2] : « Ambitum muri directum veteres ducere voluerunt (c'est évidemment *noluerunt* qu'il faut lire) ne ad ictus arietum esset dispositus, sed sinuosis anfractibus jactis fundamentis clausere urbes, crebrioresque turres in ipsis angulis ediderunt. »

Ce système diffère complètement de celui de Vitruve. Tandis que ce dernier admettait une enceinte formée d'éléments de murs en ligne droite, Végèce, au contraire, proscrit tout tracé rectiligne dans la muraille. « Les anciens, dit-il, n'ont pas voulu admettre que les murs fussent tracés en ligne droite : ils leur firent dessiner des anfractuosités en forme de golfe dont ils garnirent les angles saillants avec des tours très rapprochées. » Puis il donne la raison de ce tracé qui aurait eu pour but de placer les courtines, c'est-à-dire les murs qui reliaient les tours — parties faibles de l'enceinte — dans un rentrant prononcé [3], où l'ennemi se trouve enveloppé de toutes parts.

La difficulté réside ici dans la véritable interprétation des mots *sinuosis anfractibus*. Nous nous sommes décidé pour le sens que nous leur avons donné à cause de l'analogie que le tracé de Végèce nous paraît avoir avec l'un de ceux décrits par Philon, qui « se composait d'hémicycles dont la concavité était tournée vers l'ennemi et dont les extrémités des arcs s'adaptaient aux tours en se raccordant à leurs angles » [4]. Ces demi-circonférences

[1] De Caumont, *Cours d'antiquités monumentales*, tome II, chapitre IX.

[2] Végèce, *De re militari*, IV, 2.

[3] « Propterea quia si quis ad murum tali ordinatione constructum vel scalas vel machinas voluerit admovere, non solum a fronte, sed etiam a lateribus et prope a tergo veluti in sinum circumclusus opprimitur ». Végèce, *De re mil.*, IV, 2.

[4] Voir *Poliorcétique des Grecs*, trad. de de Rochas, page 44.

reliant les tours nous paraissent bien représenter les *anfractuosités en forme de golfe* de Végèce.

Nous ne connaissons ni en France, ni en Italie, aucune enceinte
antique qui ressemble à ce tracé ; mais on trouve un exemple de
courtines circulaires en Grèce dans les fortifications de l'ancienne
ville de Voïvoda [1] (voir fig. 10).

Nous avons vu que les tours faisaient partie intégrante du
tracé de Végèce : il en était de même dans celui de Vitruve. Ici
elles ne sont plus placées aux angles seulement, mais espacées
tout le long des côtés rectilignes de l'enceinte, en saillie sur la
muraille et à une distance qui n'est pas arbitraire, mais fixée
par la *portée du trait* [2]. Vitruve insiste sur cette prescription qui
avait pour but de faire battre le pied de chaque tour par les
deux voisines.

C'est la première fois que nous trouvons formulé le principe
du *flanquement* et que nous voyons la longueur de la *ligne de
défense* [3] servir de base au tracé. Tous les systèmes qui vont suivre
observeront ces principes fondamentaux de la fortification.

C'est ici le lieu de remarquer que ni Vitruve, ni Végèce, ne
parlent d'enceintes multiples et qu'on ne trouve, du reste, aucun
exemple de cette disposition dans les places fortes romaines ou
gallo-romaines dont les fortifications ont laissé des traces : elles
étaient ceintes d'une muraille unique.

De même on ne saurait faire remonter aux Romains, ni aux
Gallo-Romains, l'emploi d'une *citadelle*, si on veut donner à ce
mot le sens qui a prévalu de nos jours et qui s'applique à une
partie séparée de l'enceinte, couronnant généralement le point
le plus élevé de la position, dont elle forme le *réduit*. Nous ne
trouvons en effet aucune trace d'un ouvrage de cette nature dans
les villes fortifiées des époques correspondantes et les auteurs
latins n'en font aucune mention. Le sens propre du mot *arx*,
qu'on rencontre souvent sous leur plume, est celui de « position
ou demeure élevée, hauteur, faîte, etc. », sans idée de fortification : il désignait *par extension* les villes ou postes fortifiés *situés*

---

(1) *Souvenirs d'une excursion d'Athènes en Arcadie*, par M. Rangabé (cité
par de Rochas).

(2) Vitruve, *De arch.*, l. 5.

(3) La longueur de la *ligne de défense* est donnée par la distance qui sépare
un flanc du saillant le plus voisin, soit dans certains cas la distance comprise
entre deux tours voisines de l'enceinte.

sur des hauteurs. C'est dans ce sens que César l'emploie quand il parle de l'oppidum d'Alesia[1], situé *sur un plateau escarpé de toutes parts*, où il est facile de constater qu'il n'y a jamais eu d'ouvrage formant réduit ou citadelle; de même encore lorsqu'il décrit l'oppidum de Besançon, où la montagne élevée qui forme la boucle du Doubs au sud de l'enceinte, grâce au mur qui la couronnait, formait une véritable citadelle[2].

Ce n'est que beaucoup plus tard que la citadelle, telle qu'on l'entend aujourd'hui, s'est introduite dans la fortification et a détourné à son profit le mot latin *arx*, parce que les citadelles étaient précisément situées d'ordinaire sur le point le plus élevé de chaque position et rappelaient ainsi les villes fortes que l'antiquité désignait de ce nom[3].

Les enceintes des villes romaines n'étaient pas davantage munies d'ouvrages extérieurs. Le *castellum* ou *burgum* que Végèce recommande de construire entre la place et telle source dont on voulait s'assurer l'usage, est un ouvrage spécial, mais ne fait pas partie de l'enceinte[4].

Mode de construction de l'enceinte. — Vitruve[5] prescrit de descendre les fondations des tours et des murs jusqu'à la surface du terrain solide, et même un peu au-dessous, et de leur donner une largeur plus grande que dans la partie de la construction qui s'élèvera au-dessus du sol.

Il fixe la largeur de la muraille au sommet par la condition que deux hommes armés puissent se croiser sans difficulté.

Afin d'assurer la durée de la construction il recommande de noyer dans la maçonnerie des poutres passées au feu, disposées perpendiculairement aux deux parements qui se trouvent reliés de la sorte « comme par des fibules ».

---

(1) « Vercingetorix ex arce Alesia, suos conspicatus, ex oppido egreditur. » *De B. G.*, liv. VII. 84.

(2) « Hunc murus circumdatus arcem efficit ». *De B. G.*, liv. I, 38.

(3) Lorsque nous avons discuté la question de la citadelle, à propos de la fortification gauloise (page 54 et suivantes), nous n'avions pas encore réfléchi au vrai sens du mot *arx* chez les auteurs anciens; autrement nous aurions évité la longue discussion à laquelle nous nous sommes livré à ce sujet. Après ce que nous venons de dire, la question se simplifie entièrement et il ne peut rester aucun doute sur l'absence de citadelle dans les oppidums gaulois.

(4) « Castellum parvum quod burgum vocant ». Végèce, *De re mil.*, IV.

(5) Vitruve, *De re arch.*, I, 5.

Vitruve décrit un second mode de construction de la muraille, susceptible d'offrir une plus grande résistance au choc du bélier et à l'action des diverses machines, destinée par conséquent à former l'enceinte dans les parties dominées de l'extérieur et que l'assaillant peut aborder de plain-pied. Sur ces points le premier soin de l'ingénieur doit être de creuser un fossé large et profond, sur le fond duquel il assoira les fondations d'un premier mur, large en proportion de la hauteur des terres à soutenir. Puis, en dedans, il élèvera un autre mur à une distance telle du précédent que le dessus du rempart fournisse la largeur nécessaire pour une cohorte en ordre de bataille. Il reliera ensuite ces deux murs par d'autres disposés perpendiculairement en dents de peigne ou de scie. Grâce à cette disposition, dit Vitruve, les terres réparties par petites masses n'exerceront que des poussées partielles incapables de renverser la muraille [1].

Les Romains employaient donc deux sortes de murailles : la muraille simple, construite entièrement en maçonnerie, et la muraille garnie de terre à l'intérieur ; celle-ci réservée aux parties de l'enceinte situées en terrain horizontal, faciles à aborder par conséquent et correspondant à ce que nous appelons aujourd'hui le *front d'attaque* ; l'autre évidemment destinée à couronner les escarpements ou les pentes raides [2].

Végèce ne décrit que la muraille terrassée, formée également de deux murs entre lesquels on entassait la terre du fossé, et il attribue à cette disposition les mêmes qualités que Vitruve. Mais il ne fait aucune mention de murs destinés à relier les deux parements. En revanche il décrit une disposition particulière que nous avons vainement cherché à comprendre et qui a trait probablement à la construction de rampes permettant d'accéder sur le rempart ; il y a évidemment des lacunes et des interversions dans le texte [3].

---

1) Nous laissons à l'auteur latin toute la responsabilité de cette théorie : présentée en ces termes, elle soulèvera certainement les réclamations des constructeurs modernes.

2) Cette conclusion *par opposition* semble naturelle.

3) Le texte est le suivant : « Intervallo vicenum pedum interposito, duo intrinsecus parietes fabricantur. Deinde terra quae de fossis fuerit egesta inter illos mittitur, vectibusque densatur : ita ut a muro primus paries parum inferior, secundus longe minor ducatur, ut de plano civitatis ad similitudinem graduum quasi clivo molliusque ad propugnacula possit ascendi. Quia nec murus ullis potest arietibus rumpi, quem terra confirmat et quovis casu destructis lapidibus », etc. Il semble que la dernière phrase : « quia nec, etc » devrait être placée immé-

Il est intéressant de remarquer que dans le traité de Philon de Byzance il n'est question que d'un mur simple en maçonnerie, tandis que Vitruve nous décrit à la fois le mur simple et le mur terrassé, et Végèce ce dernier seulement. Il y a là la trace d'une transformation de la fortification survenue vraisemblablement à la suite de quelque progrès réalisé dans la construction des machines de siège.

Ni Vitruve, ni Végèce, ne nous donnent la hauteur de l'enceinte; mais nous savons que déjà du temps de Philon elle était de 30 pieds[1]. Or c'est encore à 10 mètres que l'on fixe aujourd'hui la hauteur minimum à donner aux murailles pour les mettre à l'abri de l'escalade. Cette prescription est donc très ancienne et s'est conservée à travers les différentes époques : on ne saurait douter que les Romains s'y conformèrent de leur côté.

On doit donc admettre que les murs d'enceinte des villes avaient au moins 10 mètres de hauteur. Cette hauteur doit s'entendre d'ailleurs de l'élévation de la crête au-dessus du fond du fossé.

La largeur de la muraille variait avec le mode de construction adopté. Vitruve ne donne aucun chiffre, mais, comme nous l'avons vu, il prescrit de la faire assez large au sommet pour que deux hommes en armes puissent se croiser facilement. Les murs de Dijon, entièrement construits en maçonnerie, avaient 15 pieds d'épaisseur[2]; c'est la dimension indiquée par Philon. Enfin Végèce prescrit de donner 20 pieds à la muraille terrassée.

Aucun des auteurs latins ne fait de recommandation relativement aux matériaux à employer de préférence dans la construction des différentes parties de l'enceinte. Philon se contente de demander que les pierres les plus dures soient placées aux endroits les plus exposés au tir des lithoboles. Mais un auteur anonyme de Byzance, qui écrivait sous le règne de Justinien, prescrit d'employer les pierres de très fortes dimensions dans la partie inférieure du mur, jusqu'à 7 coudées 3m,23 au-dessus du sol[3], en

diatement après : «vectibusque densatur, et que celle qui commence par : «ita ut », etc., doit venir après un passage qui ne nous est pas parvenu et qu'elle avait pour objet d'expliquer.

[1] *Poliorcétique des Grecs, loc. cit.*

[2] Grégoire de Tours nous décrit l'enceinte de Dijon, dont on attribuait de son temps la construction à l'empereur Aurélien. Liv. III, ch. IX — C'est, croyons nous, la seule ville gallo-romaine, dont nous ayons une description un peu détaillée.

[3] *Poliorcétique des Grecs*, trad. de de Rochas, p. 157.

plaçant leur plus grande longueur dans le sens perpendiculaire au parement. Cette disposition avait pour but de donner aux murs une plus grande résistance contre l'action du bélier ou l'attaque par la sape.

Nous n'aurions pas mentionné cette prescription d'un auteur du VIe siècle, postérieur par conséquent à l'époque qui nous occupe, si nous ne savions par la description de Grégoire de Tours[1] que l'enceinte de Dijon était construite en pierres de taille sur 20 pieds de hauteur, alors que la partie supérieure était en petits matériaux. Cette circonstance tendrait à prouver que la recommandation de l'auteur anonyme était déjà suivie au IIIe siècle et peut-être antérieurement, malgré le silence des auteurs. Ce serait pour y satisfaire, qu'on aurait construit la base des enceintes élevées en Gaule au commencement du Ve siècle, à l'aide des pierres arrachées aux tombes et à divers monuments, qui seuls pouvaient fournir *immédiatement*[2] les gros matériaux dont on avait besoin.

Nous ne savons rien de précis sur l'organisation du sommet de la muraille : on peut être assuré cependant que l'enceinte était couronnée du côté de la campagne par un petit mur crénelé. Cette disposition est en effet très ancienne ; elle est décrite dans le traité de Philon de Byzance. Nous avons vu également que les Romains couronnaient le *vallum* de leurs camps passagers à l'aide d'un système analogue et nous montrerons plus loin qu'ils garnissaient de créneaux le mur d'enceinte de leurs *castra* et de leurs *castella* permanents.

Suivant Vitruve la circulation sur le sommet du rempart n'était pas libre d'un bout à l'autre de l'enceinte ; au contraire elle était interrompue intentionnellement à l'intérieur et sur toute la largeur des tours, où on la rétablissait à volonté, mais à l'aide de planchers seulement destinés à être enlevés quand l'ennemi s'était emparé de l'une des courtines contiguës. De cette façon l'assaillant ne pouvait ni descendre dans la ville ni se répandre dans les autres parties de l'enceinte et son occupation se trouvait limitée à la partie comprise entre deux tours voisines[3].

Nous avons vu que les tours faisaient partie intégrante de l'enceinte. Elles étaient placées en saillie sur le mur, à la distance d'une

1 *Loc. cit.*
2) De Caumont, *Cours d'antiquités monumentales*, tome II, chap. IX.
3) Vitruve, *De archit.*, I, 5.

portée de trait en principe, en fait à des distances assez variables. C'est ainsi que dans l'enceinte de Tours elles étaient espacées de 80 pieds[1] et dans celle d'Aoste de 130 mètres sur une partie et de 170 mètres sur une autre. Leur mode de construction était le même que celui de la muraille.

Aucun des auteurs latins ne nous donne leurs dimensions. Vitruve se contente de nous dire qu'il faut les faire rondes ou polygonales à l'exclusion formelle des tours carrées sur lesquelles les machines auraient eu trop de prise. D'après les restes qui nous sont parvenus nous savons qu'elles avaient de 8 à 10 mètres de diamètre en général[2].

La recommandation de Vitruve semble avoir été suivie dans la construction des enceintes gallo-romaines de Tours, du Mans et d'Auxerre en particulier, où les tours sont rondes à l'extérieur[3]. Cependant on trouve quelquefois des tours carrées dans les enceintes de la même époque; mais c'est exceptionnellement et il paraît bien établi que la tour ronde était plutôt la règle dans la fortification des villes gallo-romaines.

Les fossés. — Nous venons de voir que Vitruve indiquait deux genres de muraille, dont l'une, construite uniquement en maçonnerie, devait être réservée aux parties de l'enceinte qui couronnaient les escarpements ou les pentes raides. Une pareille situation rendait tout fossé inutile et le plus souvent même impraticable: aussi Vitruve n'en proscrit-il l'emploi qu'à l'occasion du second genre de muraille.

Végèce, qui ne décrit que la muraille terrassée, nous apprend de son côté qu'on la faisait précéder d'un fossé.

On peut donc dire que, partout où la nature escarpée des lieux ne le rendait pas inutile ou impossible, le fossé était une partie essentielle de l'enceinte.

Le fossé était contigu à la muraille dont aucune berme ne le séparait, puisque, suivant Vitruve, c'était sur son fond même qu'on devait faire reposer les premières assises du mur d'enceinte.

1) De Caumont, tome II, chap. IX.

2) De Rochas, *Princ. de la fort. ant.*, page 65 — Les fortifications d'Aoste auraient été bâties sous Auguste sur l'emplacement d'un camp permanent: de là, sa forme rectangulaire, et la régularité de son tracé calqué sur celui des camps et contraire aux principes de nos auteurs.

3 De Caumont, tome II, chap. IX.

Les fossés étaient très larges et très profonds, *altissima latissimeque*, suivant l'expression de Vitruve et de Végèce, d'accord sur ce point, mais aussi dépourvus l'un que l'autre de données précises. Pour calculer leurs dimensions nous ne pouvons plus, ainsi que nous l'avons fait pour la fortification passagère, admettre que le volume de la muraille égalait le vide du fossé. Il est facile de voir, en effet, que toutes les terres extraites de ce dernier n'étaient pas employées à combler les intervalles ménagés dans la maçonnerie ; un calcul très simple montre que dans ce cas elles représenteraient un fossé de 4 mètres de profondeur sur 5 mètres de largeur au plus, bien inférieur par conséquent à celui que réclamait une bonne défense[1].

Portes et dispositions diverses. — Les portes de villes, points vulnérables de l'enceinte, furent toujours l'objet d'une défense spéciale : des tours les flanquaient directement de chaque côté. Bâties avec plus de soin que les autres parties de la fortification et souvent avec un certain luxe d'ornementation, elles ont dû à ces circonstances de subsister alors que tout ce qui les entourait avait disparu depuis longtemps. Malheureusement leur organisation défensive a un rapport trop lointain avec celle de la muraille proprement dite pour nous fournir des données bien utiles.

Végèce attribue *aux anciens* une disposition qui avait surtout pour but d'empêcher l'incendie des portes. Elle consistait en une sorte de tambour[2] placé en avant de l'entrée et fermé par une herse[3] suspendue habituellement par des cordes et des anneaux de fer. Une rainure ménagée dans la partie supérieure de la construction permettait de jeter de l'eau quand l'ennemi avait réussi à mettre le feu.

Vitruve ne fait aucune mention de cette disposition : en revanche il fait une recommandation spéciale au sujet de la direction

---

(1) Ce n'était qu'après avoir comblé le fossé que l'assaillant pouvait faire avancer les machines destinées à démolir la muraille. Or, ce comblement était d'autant plus difficile que le fossé était plus large et plus profond. De là l'intérêt qu'avait la défense à lui donner des dimensions considérables. Les Romains cependant n'avaient point suivi sur ce point les précautions exagérées des Grecs, qui, suivant Philon de Byzance, entouraient leurs enceintes de trois fossés au moins, dont le moindre avait plus de 100 pieds de largeur (De Rochas, *op. cit.*).

(2) Propugnaculum.

(3) Cataracta.

à donner aux voies d'accès dans le voisinage de l'enceinte. Les chemins, suivant lui, ne doivent pas aboutir directement aux portes, mais latéralement et par la gauche, parce que de cette façon l'ennemi présentera à la muraille le côté droit, qui n'est pas couvert par le bouclier[1]. On comprend toute l'importance de cette prescription. Nul doute que le principe dont elle découle n'ait eu de nombreuses applications dans tous les systèmes de fortification appartenant à des époques où le bouclier était en usage.

Nous ne parlerons pas des matériaux employés dans la construction des murailles, non plus que de leur mode d'arrangement, parce que nous sortirions de notre sujet : les Romains, en effet, n'employaient pas un genre de construction spécial à la fortification. Il suffira donc de se reporter à ce que l'on sait sur leur manière de bâtir en général pour reconnaître les murailles dont la construction doit leur être attribuée : nous ajouterons que ce sera souvent le plus sûr moyen de distinguer les enceintes gallo-romaines.

Résumé. — Nous pouvons donner maintenant une vue générale de la fortification des villes gallo-romaines.

Leur assiette ne se distinguait par aucun trait particulier, les conditions qui avaient déterminé leur emplacement étant étrangères à toute préoccupation de défense. On peut donc les rencontrer en plaine, aussi bien qu'en terrain accidenté.

Dans cette dernière situation l'enceinte épouse la forme du terrain, couronnant les escarpements et les pentes. Alors elle se compose d'un simple mur sans fossé, et les tours qui le flanquent sont d'autant plus espacées qu'il est plus difficilement abordable.

En plaine, l'enceinte présentait naturellement un tracé plus simple et plus régulier. Contrairement aux prescriptions de Vitruve on lui a donné parfois la forme d'un polygone d'un très petit nombre de côtés et même d'un quadrilatère. Mais on sait que pour des raisons multiples l'application diffère trop souvent de la théorie. Le mur, en terrain plat, était toujours précédé d'un fossé et flanqué de tours placées aux angles et le long des courtines, à des distances assez rapprochées, qui en principe ne devaient pas être plus grandes que la portée du trait.

---

[1] Cette disposition est plus ancienne que Vitruve puisque ce dernier pour la signaler à ses lecteurs emploie le mot grec, à défaut d'un mot latin correspondant : « uti portarum itinera non sint directa, sed σκαια ».

Les tours, placées en saillie, étaient généralement rondes ; plus exactement, elles avaient la forme d'un demi-cylindre dont la section plane était parallèle à la muraille.

Dans les villes situées en plaine, aussi bien que dans celles en terrain accidenté, l'enceinte était unique. Aucun ouvrage avancé n'en protégeait les dehors ; aucun réduit à l'intérieur ne permettait de prolonger la résistance après la chute de la muraille.

Un petit mur crénelé constituait toute l'organisation défensive de la muraille.

Il est manifeste qu'une simplicité extrême caractérisait la fortification des villes de cette époque.

Déjà cependant le tracé des enceintes est basé sur des principes rationnels : la considération de la portée des armes fixe la distance des tours, c'est-à-dire la longueur de la ligne de défense ; la nécessité du flanquement est reconnue et c'est pour l'obtenir qu'on élève des tours en saillie sur la muraille ; enfin la hauteur minimum du mur est déterminée par la longueur de la plus grande échelle que des hommes puissent transporter pour l'escalade.

L'application rigoureuse de ces principes, en prenant toujours pour bases la portée et l'efficacité des armes nouvelles, produira et justifiera les transformations successives, parfois considérables, auxquelles la fortification semble éternellement condamnée par les progrès incessants des moyens d'attaque et de destruction.

ORGANISATION DÉFENSIVE DES FRONTIÈRES

REMPART LIMITE. *CASTRA* ET *CASTELLA* PERMANENTS. TOURS ISOLÉES.

On trouve dans la *Notice des dignités de l'empire* la recommandation expresse de pourvoir à la défense des frontières « à l'aide de *castella* disposés de 1,000 en 1,000 pas ».

Cette prescription, qui date par conséquent de la fin du IV⁰ siècle ou du commencement du V⁰, n'était pas nouvelle : depuis près de de quatre cents ans les Romains employaient sur les frontières de leur empire un système défensif aussi imposant par le nombre que par le développement des ouvrages de fortifications.

Partout où la frontière n'était pas bornée par un fleuve ils la bordaient par une levée de terres surmontée d'une palissade ou par un mur. Sur cette ligne ou dans son voisinage immédiat ils élevaient des tours nombreuses destinées à abriter les petits postes chargés de surveiller et de signaler les mouvements de l'ennemi. Enfin ils soutenaient l'ensemble à l'aide de *castra* et de *castella* construits en arrière et occupés en permanence.

Un pareil système, en exceptant toutefois le *rempart limite* qui ne se retrouve pas chez nous, avait une certaine analogie avec l'organisation défensive de notre frontière de l'Est, dont les forts d'arrêt correspondent assez exactement aux *castra* et aux *castella* permanents de la fortification romaine.

Les auteurs anciens nous ont laissé peu de renseignements sur la composition de ces ouvrages ; heureusement les vestiges qui nous en sont restés ont permis de combler cette lacune. Il nous est donc possible d'en donner une description suffisamment détaillée. Mais avant de le faire nous résumerons tout ce que les textes nous apprennent sur cette partie de la fortification romaine.

Organisation défensive des frontières de la Gaule. — La première mention d'une ligne continue de défense établie sur le territoire de la Gaule se trouve dans les *Commentaires*. La province romaine qui formait alors la limite septentrionale de l'empire était menacée d'une invasion des Helvètes. Pour s'y opposer César[1] éleva depuis le lac Léman jusqu'au mont Jura, limite commune des Séquanes et des Helvètes, un mur de 19,000 pas de longueur sur 16 pieds de hauteur avec fossé, qu'il appuya de postes fortifiés.

Cette ligne fut presque aussitôt abandonnée que construite ; car après s'en être servi pour repousser les tentatives des Helvètes, les Romains la franchissaient pour marcher à la conquête de la Gaule et reporter jusqu'au Rhin, après sept ans de lutte, les frontières de leur empire.

C'est là, sur cette limite naturelle de la Gaule, qu'ils organisèrent définitivement la défense du territoire conquis, en construisant de nombreux ouvrages de fortifications qui devaient durer plusieurs siècles et laisser sur le sol des vestiges nombreux encore parfaitement reconnaissables.

(1) *De bell. Gallico*, I, 8.

Cette organisation défensive semble avoir consisté uniquement, au début, en quelques camps fortifiés permanents, *castra assidua*, élevés sur des points bien choisis pour surveiller la frontière : de ce nombre étaient *Castra Vetera*, sur la rive gauche du Rhin, avec lequel « Auguste s'était flatté de resserrer et de bloquer les deux Germanies »[1], le fort Alison[2] et celui du mont Taunus élevés par Drusus[3] ; car la construction d'un *rempart limite* continu doit être attribuée seulement à Tibère[4].

Ce rempart ne régnait d'ailleurs que sur la partie de la frontière où le Rhin ne servait pas de frontière. Car telle était, suivant Spartien, l'usage constant des Romains, qui n'élevaient de pareilles limites que là où ils n'étaient pas séparés des barbares par des fleuves[5]. C'est ainsi, comme nous le verrons plus loin, que le Rhin, le Danube et le Main remplaçaient le rempart limite dans les parties où ces cours d'eau formaient la frontière.

En arrière de la ligne frontière, qu'elle fût marquée par un fleuve ou par un rempart, s'élevaient un nombre considérable de *castra* et de *castella* permanents dont quelques-uns ont joué un rôle qui leur a valu d'être cités par les historiens. C'est ainsi que nous sont parvenus les noms des camps de Neuss, de Bonn, de Castra Vetera[6]... élevés sur la rive gauche du Rhin dès le début de l'occupation romaine, celui de Castellum Flevum[7], construit sans doute à la même époque sur les côtes de Zuyderzée, celui de Robur[8] près de Bâle, bâti ou réparé par Valentinien. Nous citerons encore sur la frontière maritime le camp permanent de *Castra Constantia* situé, comme on le sait, à l'embouchure de la Seine[9].

Les auteurs latins font à peine mention des tours qui complétaient le système de défense[10] et dont le rôle devait être plutôt de

(1) Tac., *Hist.*, IV, 25.
(2) Dion Cassius, LIV, 33.
(3) Tac., *Ann.*, I, 56.
(4) Tac., *Ann.*, I, 50.
(5) Spartien, *Vie d'Hadrien*, XII.
(6) Tacite, *Histoires*, IV.
(7) Tacite, *Ann.*, IV, 72.
(8) Amm. Marc., XXX, 3.
(9) Amm. Marc., XV, 11.
(10) Valentinus : Rhenum autrem a Ratiarum exordio adusque fretalem Oceanum magnis mollibus communiebat, castra extollens altiùs et castella, *turresque adsiduas* per habiles locos et opportunos qua Galliarum extenditur longitudo. » Amm. Marc., XXVIII, 2. Le même auteur cite également une tour isolée située à peu de distance de Cologne, XVI, 2.

surveiller et de signaler les mouvements de l'ennemi que de les arrêter. Mais elles étaient en grand nombre comme nous en donnerons plus tard la preuve.

A ces défenses en quelque sorte passives les Romains ajoutèrent dans certains cas des ouvrages fortifiés, *castra præsidiaria*[1], construits au delà de la frontière, au sein même des populations ennemies. Tels furent celui établi dans l'île de Mona, vers l'an 61[2], et ceux que construisirent, plus tard, Postumus sur le territoire des barbares[3] et Valentinien sur le Nicer et sur le mont Piri[4].

Cette organisation défensive subsista pendant toute la durée de l'occupation romaine, mais avec des modifications et des fortunes diverses.

Commencée par Auguste et par Tibère, elle fut remaniée par Hadrien[5] (118), qui porta une attention toute spéciale à la défense des frontières, puisqu'il construisit le premier les remparts limites de l'Espagne et de la Grande-Bretagne[6]. Elle fut renforcée vers le milieu du IIIe siècle par les ouvrages permanents que Postumus fit construire en avant et que Lollien et Probus relevèrent ou réparèrent après lui[7]. De l'an 360 à l'an 369 Julien[8] et Valentinien[9] la remettent en bon état. C'est à la même époque que fut relevé le camp de Trajan sur la rive droite du Rhin[10]. En arrière de ce fleuve, la Meuse était alors défendue par plusieurs ouvrages[11]; celui de Saverne fermait la principale route d'invasion[12] et l'ensemble des défenses était si formidable que l'ennemi ne pouvait faire un mouvement sans être découvert de quelqu'une de ces forteresses et aussitôt refoulé qu'aperçu[13]. On sent que les menaces sont devenues plus redoutables que jamais.

---

(1) C'est Ammien Marcellin qui nous fournit cette dénomination. Amm. Marc., XXVIII, 5.

(2) Tac., *Ann.*, XIV, 29.

(3) Treb. Pollion, *Vie de Lollien*.

(4) Amm. Marc., XXVIII, 2.

(5) Dion Cassius, LXIX, 9.

(6) Spartien, *Vie d'Hadrien*.

(7) Treb. Pol., *Vie de Lollien*; et Fl. Vopiscus, *Vie de Florus*, XIV.

(8) Amm. Marc., XX.

(9) Id., XXVIII, 2.

(10) Id., XVII.

(11) Amm. Marc., XVII, 8.

(12) Id., XVI, 11.

(13) Id., XXIX.

Enfin, en 407, l'usurpateur Constantin semble avoir fait un nouvel effort pour rétablir les défenses de la frontière[1]; mais le flot des envahisseurs les renverse pour toujours.

Mode de constructions du rempart limite d'après les auteurs. — Les auteurs latins ne nous disent à peu près rien sur le mode de construction du rempart limite, des tours et des *castra* ou *castella* qui formaient au nord de la Gaule la défense de la frontière.

Il paraît bien démontré que, dans la région qui nous occupe, le rempart limite n'était pas formé par un mur, ainsi que cela avait lieu sur d'autres points. En effet, les textes n'emploient jamais le mot *murus* quand ils en parlent; ils le désignent simplement par celui de *limes*, qui signifie simplement la *limite*. On pourrait en conclure que la frontière était marquée par une trace sur le sol ou un bornage, par exemple: mais nous avons un passage de Tacite qui s'oppose à cette interprétation; c'est celui où il nous montre Germanicus faisant ouvrir, pour donner passage à son armée, la limite « limitem » commencée par Tibère[2]. Cette limite était donc marquée par un *obstacle matériel*. Nous remarquerons du même coup que cet obstacle était de la même nature que celui qu'une forêt peut opposer à la marche des troupes; car c'est le même mot qui exprime l'action par laquelle Germanicus ouvre un passage à ses légions à travers la « limite et la forêt voisine »: « *Silvam Cæsiam limitemque a Tiberio cœptum scindit.* » Ne faut-il pas en conclure que l'obstacle était formé par une rangée de pieux, dont l'analogie avec des rangées d'arbres n'échappera à personne? Cette opinion serait d'accord avec ce que nous savons de l'organisation de la frontière espagnole qu'Hadrien fortifia plus tard de cette manière[3].

Cependant on pourra nous objecter que la frontière entre le Danube et le Rhin est encore marquée sur le sol par de nombreuses levées de terre: nous ne voyons pas en quoi cette observation serait de nature à faire rejeter l'emploi des pieux. Il nous semble, au contraire, naturel d'admettre qu'une rangée de pieux surmontait ces levées, comme dans l'enceinte des camps fortifiés la palissade couronnait le retranchement en terre, parce que c'était seule-

---

(1) Zosime.
(2) Tac., *Ann.*, I, 50.
(3) Spartien, *Vie d'Hadrien*.

ment ainsi qu'on pouvait créer un obstacle réel, que l'ennemi ne pouvait franchir sans attirer l'attention des postes voisins et leur donner le temps d'accourir.

Cette conclusion permettrait d'expliquer le passage où Tacite nous montre[1] Germanicus organisant la défense de la frontière : « Cuncta inter castellum Alisonem ac Rhenum, novis limitibus, aggeribusque permunita ; » *aggeribus* s'appliquerait aux levées de terre et *limitibus* aux rangées de pieux qui les surmontaient[2].

Mode de construction des castra *et des* castella *d'après les auteurs*.

La seule donnée précise que nous fournissent les textes anciens sur le mode de construction des *castra* et des *castella* permanents c'est qu'un mur formait leur enceinte[3]. Ils différaient en cela des *castra* construits pour protéger les troupes en marche ou en quartiers d'hiver au milieu d'un pays ennemi. Ceux-ci, comme nous l'avons vu, étaient entourés d'un retranchement en terre surmonté d'une palissade.

Cependant le mur ne constituait pas seul l'enceinte des camps permanents ; il était accompagné d'un *vallum*, c'est-à-dire d'un retranchement en terre. Cela ressort de divers passages de Tacite dont nous citerons seulement les suivants. A l'occasion de la mise en état de défense de Castra Vetera, pendant la révolte de Civilis, l'auteur nous dit : « Vallum murosque firmabant[4]. » Plus loin il nous montre Vocula augmentant les fortifications du même ouvrage : « Vallum turresque augebat[5]. » Ailleurs enfin c'est encore Vocula qui dit à ses soldats chargés de la défense du camp de Novesium : « Nous avons un *vallum* et des murs », « sed est vallum murique[6] ». Le mur et le *vallum* semblent donc inséparables ;

---

1. Tac. *Ann.*, II, 7.

2) Il nous semble qu'on pourrait invoquer à l'appui de cette conclusion le fait cité par Tacite, que les Trévires, qui combattaient pour les Romains, avaient élevé le long de leurs frontières, contre les Germains, un retranchement surmonté par une palissade « loricam vallumque per fines suos Treveri struxere ». Tac. IV, 37. — Il nous paraît évident en effet que les Trévires durent construire leurs défenses sur le modèle de celles que les Romains employaient en pareil cas

3. Les assiégés de Castra Vetera voyaient tout du haut de la muraille « cuncta e muris cernentes ». Tac., *Hist.*, liv. IV, cap. 23, voir encore Tac., *Hist.* IV, 22 et IV, 18.

4. Tac. *Hist.*, IV, 22.

5. Tac., *Hist.*, IV, 33.

6. Tac., *Hist.*, IV, 58.

mais quelle était leur situation réciproque? C'est ce que nous ne saurions pas sans les découvertes modernes dues aux fouilles exécutées en Allemagne dans les enceintes qui bordaient la frontière romaine. Elles ont montré que le *vallum* consistait en une banquette en terre appuyée contre le mur d'enceinte, à l'intérieur de l'ouvrage : c'est sur cette banquette que se plaçaient les défenseurs. Nous reviendrons plus loin sur ce sujet.

Les textes ne nous disent rien sur le *tracé* des camps permanents : sur les autres détails de leur construction ils nous apprennent que le camp de Bonn était précédé d'un *fossé*[1], que l'enceinte de Castra Vetera était munie de *tours* et que son mur était couronné de *créneaux*[2]. Enfin ils nous font connaître l'*assiette* de ce dernier camp dont « une partie s'élevait sur une colline en pente douce, tandis que le reste était dans une plaine unie, » c'est-à-dire qu'il était assis de la même manière que les camps passagers[3].

En présence d'une pénurie aussi grande de renseignements il n'est pas possible de poser des principes. C'est l'examen des vestiges qui nous restent qui seul permet de le faire et d'arriver à cette conclusion, que les camps permanents, à part quelques dispositions spéciales ayant pour objet de leur donner plus de durée, étaient construits à l'image des camps passagers.

Il est parlé des tours qui complétaient la défense de la frontière dans un passage d'Ammien Marcellin, où cet auteur nous dit que Valentinien améliora les camps et les *tours* de la frontière de la Gaule[4]. En dehors de ce texte nous ne connaissons pas d'autre mention que celle d'une tour qui avec Ricomagum constituait vers le milieu du IVe siècle toute la défense de la région comprise entre Brumath et Cologne[5].

Les auteurs anciens ne nous fournissent aucune donnée au sujet de l'espacement de ces tours, de leurs dimensions, de leur mode de construction, et c'est à d'autres sources d'information qu'il nous faudra puiser pour être fixés à cet égard.

Organisation défensive des autres parties de la frontière romaine. — Les Romains avaient établi sur toutes les frontières de leur

1 Tacite, *Hist.*, III, 10.
2 Tac., *Hist.*, IV, 22.
3 Tac., *Hist.*, IV, 23.
4 Amm. Marc., XXVIII, 2. Voir le texte plus haut.
5 Amm. Marc., XVI, 2.

vaste empire des systèmes de défense analogues à celui de la Gaule.

Tacite[1] nous montre Corbulon, en 70, garnissant de nouvelles fortifications la rive de l'Euphrate. Dans son récit il est fait mention d'une *tour* défendue par un centurion, et de *castella* nombreux élevés sur les sources.

En 98, Trajan fait ouvrir une route du Pont-Euxin à la Gaule et bâtit des ouvrages permanents dans les endroits les plus exposés aux surprises[2].

En Bretagne, Hadrien éleva en 118 une *muraille* qui s'étendait sur une longueur de 80 milles[3]. D'après Julius Capitolinus, Antonin (138-161) aurait substitué à ce mur un rempart en terre[4]. Sévère (193-211), à son tour, aurait relevé l'une ou l'autre ligne de défense, car Spartien qui nous cite le fait semble incertain sur ce point[5].

En Espagne, enfin, c'est encore Hadrien qui établit le long des frontières une espèce de mur, formé de troncs ou de pieux énormes enfoncés en terre, et fortement attachés entre eux « stipitibus magnis, in modum muralis sepis, funditus jactis atque connexis »[6].

Description, d'après les fouilles, du rempart limite, des castra, des castella et des tours qui l'accompagnaient. — Les traces laissées par l'organisation défensive de la frontière germano-romaine sont assez nombreuses pour fournir, grâce aux fouilles dont elles ont été l'objet, des renseignements précis sur une partie importante de la fortification romaine pour laquelle les documents écrits font à peu près complètement défaut.

Le résultat des fouilles faites en Allemagne a été publié par M. de Cohausen[7] qui lui-même a pris part aux observations, dans un important volume in-4° de 360 pages, accompagné de 52 planches, qui va nous fournir toute la matière du présent chapitre.

---

1 Tacite, *Ann.*, XV, 9.

2 Aur. Victor, *De Cæsaribus epitome.*

3 Dion Casius, XL.

4 Jul. Capitolinus, *Vie d'Antonin* : « Alio muro cespititio, submotis barbaris ducto. »

5 Post *murum* aut *vallum* missum. Spartien, *Vie de Sévère*, XXII.

6 Spartien, *Vie d'Hadrien*, XII.

7 *Der römische Grenzwall in Deutschland*, von Cohausen, Wiesbaden, 1884

Le rempart limite est désigné en Allemagne sous le nom de *Pfalgraben*, qui peut se traduire par *fossé palissadé* ou mieux *fossé garni de pieux*, ce qui indiquerait que le rempart était couronné jadis d'une rangée de pieux. Mais M. de Cohausen déclare que c'est là, au point de vue militaire, comme au point de vue technique, une opinion inacceptable. Cependant nous venons de voir « qu'Hadrien fit en Espagne ce qu'il pratiqua à d'autres époques en beaucoup d'autres lieux, où les Romains n'étaient séparés des barbares que par de simples limites et non par des fleuves : il établit le long des frontières une espèce de mur, formé de pieux énormes enfoncés en terre, et fortement liés et attachés entre eux »[1]. Ce texte est formel et il ne peut s'appliquer, comme le veut M. de Cohausen « à la simple réparation de courtes brèches, en certains endroits où le rempart s'était éboulé ». Le mode de construction employé sur ces parties de la frontière mériterait d'ailleurs tout aussi bien ses reproches. Les mêmes reproches s'adresseraient au rempart palissadé que les Trévires élevèrent sur leur frontière, à l'instigation manifeste des Romains; et cependant nous ne pouvons douter que tel fut le genre de défense qu'ils employèrent contre les Germains. Enfin la construction d'un véritable mur en maçonnerie sur la frontière britanno-romaine prouve bien que les Romains voulaient opposer un *obstacle matériel* aux incursions de l'ennemi et non pas tracer une *simple limite* « que rendait inviolable la majesté du nom romain », comme l'admet M. de Cohausen.

Organisation générale de la défense sur la frontière germano-romaine. — La frontière germano-romaine, longue d'environ 513 kilomètres, était formée tantôt par des cours d'eau, conforme en cela au principe énoncé par Spartien, tantôt par un rempart. Elle se divisait en frontière danubienne, *a limes Rétieus*, au nord des provinces rhétiques, et *b* frontière transrhénane, à l'est des deux Germanies.

a La frontière danubienne commençait à Passau, suivait en la remontant jusqu'au delà de l'embouchure de l'Altmuhl, la rive droite du Danube, puis se continuait, parallèlement au Danube, sous la forme d'un mur sans fossé (V. fig. 15) pour se terminer à Lorch en même temps que la province Rhétique.

Le long du Danube elle n'avait d'autres défenses que des ca-

[1] Spartien. Vie d'Hadrien, XII.

tella et probablement aussi des tours. Toutefois on ne connait l'emplacement d'aucune de ces dernières et les *castella* retrouvés sont en petit nombre.

Dans la partie qui, parallèlement au Danube, s'étend jusqu'à Lorch, on n'a, jusqu'à présent, découvert aucune trace de *castella* et cependant il existait en arrière, entre le rempart et le Danube, de nombreuses colonies dont on a retrouvé les emplacements, mais sans y remarquer le moindre vestige de fortification. En revanche on a découvert quatre tours semblables à celles de la limite rhénane et il est permis d'admettre qu'il en existait beaucoup d'autres le long de la ligne frontière.

b) Sur la *frontière transrhénane* le rempart limite se dirigeait du sud au nord, presque parallèlement au Rhin. Il était divisé en deux tronçons par le cours du Main qui dans l'intervalle formait seul la frontière. Le premier allait de Lorch à Miltenberg, le second de Gross-Krotzenburg à Rheinbrohl sur le Rhin.

Ces deux tronçons se ressemblaient ; mais ils différaient totalement du rempart limite de la frontière danubienne. Ils étaient formés d'un fossé et d'un *vallum* en terre derrière lesquels étaient répartis des *castella* et des tours.

La rive gauche du Main, comme du reste celle du Rhin, de Remagen à Nimwegen, était également munie de *castella* plus nombreux et plus régulièrement distribués que sur celle du Danube.

Les *castella* du Main se succédaient à des distances de 8 à 10 kilomètres, tandis que les *castella* et les villes fortifiées du Rhin intérieur étaient éloignés l'un de l'autre de 18 kilomètres, en moyenne[1]. En avant de cette ligne, le *castellum* de Deutz, tête de pont de Cologne, était le seul établissement romain sur la rive droite du Rhin.

D'une façon générale les *castella* étaient tous placés sur une route conduisant vers le territoire ennemi. Ces routes ne traversent jamais les *castella*, mais elles les longent.

Leur distance au rempart limite variait considérablement. Seul le Gross-Krotzenburg se trouve en contact immédiat avec lui. Des autres, neuf en sont éloignés de 100 mètres environ, neuf autres sont à des distances variant entre 100 et 600 mètres, deux enfin à

---

[1] D'après M. de Cohausen les *castella* et les villes fortifiées du Rhin inférieur étaient : Remagen, Bonn, Wesseling, Cologne, Dormagen, Burgel, Neuss, Gellep, Asberg, Kaldenhausen, le *castellum* construit sur la lande de Milling, Druipt, Furstenberg, Xanten, Op den Born, Quallenburg, Rindern ? et Nimwegen.

1,200 et à 2,000 mètres. Tous sont à proximité de l'eau potable et cette condition a eu certainement une influence prépondérante dans le choix de leur position.

Enfin des trente-six *castella* retrouvés le long de la limite rhénane aucun n'avait les mêmes dimensions : le développement de leurs crêtes variait de 72 à 920 mètres suivant une progression assez continue.

Tracé du rempart limite. — Le tracé du rempart limite ne ressemble aucunement à celui d'une limite de frontière telle qu'on l'établirait aujourd'hui entre deux États ou telle qu'on les traçait au moyen âge, le long des cours d'eau, des lignes de partage des eaux, des anciennes voies, etc. M. de Cohausen lui reproche d'être mal placé au point de vue militaire, puisqu'il laisse des défilés en avant de lui et des marais en arrière, et il en conclut qu'il n'était pas destiné à être défendu. Cette conclusion ressortirait plutôt pour nous du fait que le rempart limite est souvent établi sur des pentes ascendantes du côté de l'ennemi [1]. Il n'avait donc pas dans les parties correspondantes le *commandement* dont la défense avait besoin pour donner à ses armes de trait toute leur efficacité. Toutefois ce n'est pas une raison pour admettre que le rempart limite n'avait pas d'autre but que de *marquer* la frontière : il devait au contraire constituer un obstacle assez résistant pour donner aux défenseurs le temps de s'organiser. Pour cet objet un rempart surmonté d'une rangée de pieux devait suffire contre des populations aussi mal outillées que l'étaient celles qui habitaient au delà de la frontière. Quoi qu'il en soit, on comprend qu'il n'ait pas toujours été possible aux Romains de satisfaire aux meilleures conditions du tracé parce qu'ils auraient été conduits à donner au rempart limite un développement beaucoup trop considérable et à le compliquer inutilement. Aussi le tracèrent-ils autant que possible en ligne droite : tel le tronçon de 80 kilomètres situé dans le Wurtemberg, tel celui de 20 kilomètres en Bavière, entre Altmanstein et Kipfenberg et d'autres presque rectilignes entre Gunzenhausen et Duhren, Weillingen et Dulkingen. On trouve encore dans la Wetteravie des tronçons en ligne droite de 11, 16 et 17 kilomètres :

---

(1) À cette époque de lutte corps à corps, la présence de défilés et de marais, à quelque distance en avant ou en arrière de la ligne de bataille, n'avait pas le même inconvénient que de nos jours.

mais au delà, sur le Taunus et dans la région du Rhin, on n'en rencontre plus et l'on y semble avoir en pour but uniquement de faire suivre le mieux possible au tracé une même horizontale de la montagne en contournant les vallées au lieu de les couper transversalement.

On constate que certains tronçons se dirigent sur des sommets élevés ; mais suivant M. de Cohausen ces alignements doivent être regardés comme accidentels.

Suivant le même auteur, les Romains durent construire d'abord les *castella*, pour lesquels ils choisirent les emplacements les plus favorables ; puis ils tracèrent le rempart limite par la condition de le tenir à une faible distance en avant. Ce dernier se trouvait établi tantôt sur les versants en pente du côté de l'ennemi, tantôt sur les versants opposés, sans qu'il soit possible de dire que les Romains avaient une préférence pour l'un ou l'autre tracé.

On trouve, en général, des deux côtés du rempart limite, et plus souvent en dehors, un chemin ou un sentier ; mais jamais ce qu'on pourrait appeler une route militaire.

Profil du rempart limite. — Sur la frontière danubienne, le rempart limite consiste en un mur sans fossé, mais sa construction n'est pas tout à fait la même en Bavière et en Wurtemberg.

En Bavière, sous la masse des décombres, on a trouvé le mur conservé sur une largeur de $2^m.90$ et $1^m.03$ de hauteur. Les pierres qui le composaient étaient entassées sans ordre et n'étaient réunies par aucun mortier. La première assise reposait directement sur le terrain naturel (fig. 17).

À l'aide des données fournies par les fouilles, M. de Cohausen calcule que la hauteur totale du mur, en admettant un recouvrement en gazon, devait être de $2^m.50$ comme sa largeur. Il explique d'ailleurs l'absence du fossé par son inutilité pour la construction du mur dont les matériaux avaient été fournis par les pierres des environs.

En Wurtemberg, le rempart limite s'est présenté sous la forme d'une véritable chaussée. Les pierres qui le composent étaient noyées dans un bain de mortier, tandis qu'on n'en a retrouvé aucune trace dans le tronçon bavarois. Cependant on ne peut pas admettre que le rempart servit de chaussée ; son tracé s'y oppose, car il se dirige en ligne droite, montant et descendant les pentes raides, sans dévier de sa direction.

S'il est possible de donner un profil moyen du mur Rhétique, il n'est est pas de même pour le rempart limite de la frontière trans-rhénane. Celui-ci est formé, en principe, par un *vallum* en terre du côté des Romains, bordé, du côté opposé, d'un fossé dont la terre a servi à sa construction (fig. 18, *b*). Cependant, dans les régions pierreuses, il a été élevé à l'aide de pierres ramassées çà et là, sur le sol, ou extraites en partie d'un fossé peu profond, qu'on a entassées pêle-mêle ou peut-être posées à sec, par assises, l'une sur l'autre (fig. 18, *a*). Jamais, lorsque le *vallum* est en terre, on ne rencontre à l'intérieur un noyau de pierres maçonnées ou garnies de terre: cette disposition se rencontre seulement dans le rempart de la frontière rhétique.

Cependant le rempart limite se présente assez souvent sous la forme d'un simple gradin, ou mieux d'une terrasse terminée, vers l'extérieur, par un talus raide : dans ce cas, ou le fossé manque, ou le vallum, parfois même l'un et l'autre (fig. 18, *c, d, f*).

Lorsque la pente du terrain est montante vers le territoire ennemi, le talus raide est placé à l'intérieur (fig. 18, *g, h, i*), et pour reconnaître encore la trace du rempart il faut s'aider du prolongement de ceux des tronçons voisins qui avaient été construits avec le profil normal.

M. de Cohausen ne nous paraît pas avoir remarqué que, en arrière du talus raide dont il parle, du côté des Romains par conséquent, se trouve parfois une surélévation du sol que nous avons désignée par la lettre *p* sur le profil *i*. C'est là que devait être placée la rangée de pieux, qui dominait de la sorte la partie du terrain située immédiatement en avant du rempart limite. La même disposition se retrouve dans tous les profils à contre-pente donnés par l'auteur : il n'y a d'exception que pour le profil *g*; mais ce dernier correspond à une partie très effacée où la culture a pu faire disparaître la surélévation que nous signalons dans les autres. N'est-ce pas une raison nouvelle de conclure que, même dans les endroits où la frontière était établie sur un terrain montant vers l'ennemi, le rempart limite était organisé de façon à être défendu *directement* puisque les Romains s'y étaient réservé l'avantage du *commandement?*

D'autres dispositions se présentent encore : *vallum* en terre avec fossé des deux côtés, deux remparts alternant avec trois fossés, quelquefois même trois remparts et trois fossés. Mais ce renforcement du rempart limite doit être attribué au moyen

âge ; seules les parties où il se présente sous la forme d'un *vallum* précédé d'un fossé, ou encore d'un gradin disposé comme on
l'a vu, doivent être regardées comme romaines.

Dans aucun des profils avec *vallum*, le relief actuel du rempart, au-dessus du sol naturel, ne dépasse 2ᵐ,50. Il est même,
en général, beaucoup moindre. La profondeur du fossé, comblé
en partie, n'est jamais que de quelques décimètres ; rarement elle
dépasse 1 mètre. Les talus sont le plus souvent très doux. Leur
base est parfois égale à 8 fois et même à 12 fois leur hauteur. Les
pentes les plus fréquentes sont celles du cinquième et du sixième.

Parmi les nombreux profils relevés, il ne s'en trouve pas deux,
non seulement semblables, mais encore dont on puisse dire qu'ils
l'ont été autrefois. « Il est certainement étonnant, dit M. de
Cohausen, qu'une œuvre aussi considérable que le rempart
limite, et qui a été exécutée d'un seul jet, ne présente pas plus
d'unité. » Cette diversité nous paraît, au contraire, naturelle et
facilement explicable. Depuis l'époque où le rempart limite a
été abandonné à lui-même, les agents atmosphériques, la culture, les travaux divers des propriétaires, ont pu produire des
modifications très diverses dans un ouvrage dont les différentes
parties étaient établies sur des terrains de nature variée et pré-
sentant des pentes et des orientations très différentes.

Enfin rien n'a permis de constater l'emploi de haies ou de pa-
lissades, ni souches dans le parapet, ni inégalités dans les talus
qui puissent faire croire à leur existence. Cela ne nous paraît pas
une raison suffisante pour rejeter l'emploi d'une rangée de pieux.
Le *vallum* est tellement affaissé aujourd'hui que toutes les inégalités réclamées par M. de Cohausen comme preuves de leur existence ont dû disparaître nécessairement.

LES REMPARTS LIMITES EN ANGLETERRE, D'APRÈS LES FOUILLES

Avant de passer à l'examen du mode de construction des *castella* et des tours, nous décrirons sommairement les remparts limites élevés par les Romains dans la Grande-Bretagne (fig. 16).

Le mur d'Hadrien. — Pour se maintenir sur le territoire qu'ils
avaient conquis au sud de la Grande-Bretagne, les Romains éle-

vèrent une ligne de défense de 110 kilomètres environ entre l'embouchure de la Tyne et le Firth de Solway.

Elle consistait en un mur avec fossé, protégé contre les attaques à revers par deux retranchements en terre élevés de part et d'autre d'un même fossé.

Le mur est aujourd'hui détruit en grande partie : ses débris ont servi, en 1746, à la construction d'une route militaire : aussi n'est-il plus possible de retrouver ses dimensions primitives. D'après un témoin oculaire, il était encore, en 1599, haut de 4^m,57 en en certains points. Ce n'est que sur quelques sommets sans culture qu'il a conservé une partie de son revêtement sur une hauteur de 7 à 9 pieds.

Une berme de 5 à 7 pieds séparait le mur du fossé (fig. 21). Celui-ci, creusé tantôt dans le roc, tantôt dans la terre meuble, avait une largeur moyenne de 11 mètres et 4^m,50 de profondeur; il est encore large de 7 mètres et profond de 2^m,50.

La ligne de défense en terre est tantôt à 1,000, tantôt à 10 pas seulement de distance du mur. La largeur à la base du premier retranchement est de 8 à 14 mètres et sa hauteur de 2^m,80 à 4 mètres. Une berme de 4 à 7 mètres le sépare du fossé qui est large de 4 à 7 mètres et profond de 2^m,50 à 3^m,75. Au delà du fossé enfin s'élève une espèce de caponnière double formée par deux bourrelets de terre, l'un, le plus rapproché du fossé, de 8^m,75 de largeur sur 1^m,50 de hauteur, l'autre de 6 mètres de largeur sur 2 mètres de hauteur, comprenant entre eux une sorte de chemin de ronde large de 3 à 4 mètres.

Le mur d'Hadrien était certainement plus élevé que le mur bavarois; il l'emportait encore sur lui par sa construction en maçonnerie de mortier et par son fossé. Il formait donc un obstacle très sérieux.

Il est difficile d'expliquer les retranchements intérieurs. Le plus rapproché du mur peut avoir eu pour but de résister aux attaques à revers. Mais pour le second il faudrait admettre que, après le départ des Romains, les Bretons, abandonnés à leurs propres forces, au lieu de relever les murailles qui étaient tombées peu à peu en ruines, préférèrent utiliser le fossé sud et élevèrent le double parapet en terre qui existe sur son bord méridional.

Le long du mur étaient répartis des *castella* distants les uns des autres de 6,500 mètres en moyenne, moins par conséquent que ceux du rempart limite de la frontière rhénane. Comme ces derniers, ils étaient de grandeurs très diverses; mais leurs dimensions extrêmes étaient les mêmes. Ils étaient tous appliqués contre la muraille; quelques-uns même faisaient légèrement saillie en dehors; dans ce cas, on remarque que la face opposée au mur touchait le retranchement en terre, si bien que leur saillie semble avoir été nécessitée précisément par l'exiguïté de l'espace resté libre entre les deux lignes de défense.

Toutes les routes qui traversent le mur d'Hadrien passaient auprès d'un *castellum*; elles étaient d'ailleurs en petit nombre; ce qui fait ressortir le caractère passif de cette fortification.

Les *castella* avaient la forme de rectangles arrondis aux angles : leurs murs, de 1^m,50 d'épaisseur, soutenaient à l'intérieur une banquette en terre. Un fossé les précédait. Ils étaient bâtis en pierres d'assises[1].

L'eau potable se rencontre souvent dans le voisinage; quelquefois des conduites spéciales allaient la chercher jusque sur le territoire ennemi.

Entre ces *castella* on en avait élevé de plus petits, à un mille environ l'un de l'autre[2]. Bien qu'ils fussent de grandeurs très diverses, on peut fixer à 21^m,50 en moyenne la longueur du côté commun avec le mur, qui, dans cette partie, lui tenait lieu d'enceinte, et à 15^m,25 celle des faces perpendiculaires. Ils étaient établis dans les vallées et dans les défilés des montagnes. On y accédait par une seule porte ménagée sur la face qui tournait le dos à l'ennemi. Enfin une banquette en terre devait également régner le long de l'enceinte, à l'intérieur.

Il existait probablement des tours entre les petits *castella*; cependant une seule susbsiste et on n'a retrouvé jusqu'à ce jour que les traces de cinq d'entre elles. Leurs fondations dessinent un carré de 1^m,25 à 1^m,90 hors œuvre, avec mur de 0^m,91 d'épaisseur.

Le rempart d'Antonin. — Le rempart d'Antonin, élevé plus au nord, par Antonin le Pieux, ou sous son règne, relie les Friths de la Clyde et du Forth entre Glasgow et Édimbourg.

Il consistait, en 1755, en un fossé de grande dimension, soit de 11^m,75 à l'orifice et de 3^m,75 au fond, sur une profondeur de

---

[1] Nous décrirons à part, en détails, les *castra* et les *castella* permanents construits de la même façon sur toutes les frontières.

[2] Il est intéressant de remarquer que c'est l'espacement réclamé par la *Notitia dignitatum imperii*.

5 mètres. Une berme de 5ᵐ,5o le séparait du rempart qui n'avait que 6 mètres de largeur à la base et 1ᵐ,25 de haut (fig. 22).

Comme on le voit, le déblai du fossé était beaucoup plus considérable que le remblai du *vallum*; aussi l'excédent avait-il servi à former en avant du fossé un glacis à pente raide.

Le fossé devait constituer ici l'obstacle principal. C'était le contraire dans le rempart limite établi en Allemagne.

Le rempart d'Antonin s'étend de l'ouest à l'est entre Kilpatrick et Caridden sur une longueur de 43ᵏᵐ,5oo. Il était renforcé par dix-neuf *castella* distants en moyenne de 2,400 mètres, à en juger du moins par ceux qui subsistent. Cependant leur distance a pu être quelquefois portée à 3,000 et même à 4,000 mètres.

Dans leurs intervalles s'élevaient aussi des *tours de guet*, dont deux ou trois cependant étaient seules reconnaissables en 1755.

Tous les *castella* avaient des dimensions comprises entre 60 mètres sur 90 mètres et 150 mètres sur 150 mètres. Leur enceinte était formée d'un *vallum* en terre revêtu d'une muraille avec fossé à l'extérieur. Ils étaient placés contre le rempart et de préférence aux angles du tracé.

Le mur d'Hadrien donne lieu à deux observations importantes.

Nous avons vu que ce mur se présente actuellement accompagné d'un fossé bordé de part et d'autre d'un retranchement en terre, le tout placé en arrière de la muraille. M. de Cohausen admet que le fossé et le retranchement le plus rapproché du mur sont contemporains de ce dernier. Pour nous, nous ferons remarquer que ce mode de défense n'était pas dans l'esprit de la fortification romaine et que nous n'en trouvons aucune mention dans les textes, ni aucun exemple sur la frontière germano-romaine : le rempart d'Antonin lui-même n'a qu'un retranchement précédé d'un fossé. Nous devons donc réserver notre opinion sur l'origine de ces retranchements, que les Bretons peuvent très bien avoir élevés après le départ des Romains, comme l'auteur l'admet pour le retranchement situé sur le bord méridional du fossé.

Nous avons vu également que le mur d'Hadrien constituait un obstacle très sérieux : renforcé immédiatement par les *castella* et les tours il était certainement organisé pour une défense *directe*. Comment admettre dès lors, comme le veut M. de Cohausen, que, à l'inverse de ce qui se passait ici, le rempart limite de la frontière germano-romaine n'avait d'autre but que de marquer cette frontière et non de former un obstacle matériel destiné à être défendu au besoin par les armes?

CASTRA ET CASTELLA PERMANENTS, D'APRÈS LES FOUILLES.

Les camps permanents fortifiés élevés le long des remparts limites avaient tous, comme nous l'avons vu, des dimensions assez restreintes ; ils doivent être pour cette raison désignés sous le nom de *castella*. Il n'en était pas de même de ceux de la rive gauche du Rhin inférieur : élevés pour recevoir plusieurs légions [1], ils méritaient à juste titre la dénomination de *castra* que leur donne Tacite. Ces derniers n'ont pas été fouillés, que nous sachions, mais nous pouvons, aux dimensions près de l'enceinte, leur attribuer tout ce que les découvertes faites dans les *castella* nous ont appris sur leur mode de construction. Ne savons-nous pas en effet que les *castella* n'étaient que des diminutifs des *castra*.

De même il n'y a aucune raison d'admettre que les *castra præsidiaria*, c'est-à-dire les camps permanents fortifiés élevés sur le territoire ennemi, fussent construits autrement que les *castra* et les *castella assidua* du rempart limite. Les descriptions qui vont suivre leur seront donc également applicables.

C'est encore à l'ouvrage de M. de Cohausen que nous empruntons nos renseignements.

Assiette. — Nous avons vu que les Romains avaient pour principe d'asseoir les camps passagers sur un terrain légèrement en pente du côté de l'ennemi. Cette prescription a été suivie dans l'établissement des *castella* de la frontière, à un petit nombre d'exceptions près où se rencontre la disposition contraire, sans qu'on puisse en voir la raison.

Aucun des *castella* ne s'appuyait aux rochers ou aux escarpements de la montagne, non plus d'ailleurs qu'aux marais ni aux cours d'eau. Il est même à remarquer que certaines positions dominantes voisines ont été négligées malgré les avantages qu'elles présentent au point de vue de la défense et de la surveillance [2]. Les *castella* étaient donc accessibles sur toutes leurs faces.

[1] Castra Vetera avait été construit pour deux légions.
[2] M. de Cohausen ajoute à ce propos : « Ceux qui voient l'œuvre des Ro

Cette disposition était conforme, comme nous l'avons déjà fait remarquer, à l'un des principes essentiels de la fortification romaine qui cherchait surtout à se réserver les avantages d'une défense active.

Contrairement aux préceptes de Végèce, on rencontre plusieurs *castella* dominés à de faibles distances par des sommets.

Tous les *castella* étaient établis à proximité de l'eau potable qui leur était fournie soit directement par les sources, soit par les conduites d'eau, soit enfin par des puits.

Tracé de l'enceinte. — Nous avons vu que Végèce admettait l'emploi des enceintes triangulaires ou demi-circulaires lorsque la forme du terrain le demandait. M. de Cohausen déclare que les Romains n'ont jamais adopté l'une ou l'autre de ces dispositions. Il n'en a trouvé aucun exemple ni en France, ni en Angleterre, ni en Allemagne. Les *castella* du rempart limite, en particulier, sauf un, qui encore était un trapèze, sont tous des rectangles.

Ces rectangles étaient arrondis aux angles [1].

Des tours renforçaient la muraille ; elles étaient placées le long de l'enceinte à des distances variables, mais assez rapprochées, aux arrondissements des angles et de chaque côté des portes. Ces tours étaient carrées et de dimensions très restreintes. Ainsi, dans le *castellum* de Wiesbaden, celles situées de chaque côté des portes avaient 1m.88 et 1m.57 de côté ; celles des angles, plus larges, avaient 5 mètres de côté en moyenne parallèlement à l'enceinte, et 2m.50 environ perpendiculairement ; enfin celles placées entre les portes et les angles présentaient 2m.50 de longueur sur une largeur égale.

Il est à remarquer que ces tours faisaient généralement saillie à l'intérieur (fig. 19) et non à l'extérieur de l'enceinte, ainsi que le recommandaient Vitruve et Végèce pour les *oppida*. M. de Cohausen en conclut que les Romains attachaient peu d'importance au flanquement, du moins dans la défense des *castella*. Même lorsque, ce qui se présente rarement, les tours faisaient saillie au dehors, elles n'auraient pas eu pour but de flanquer le mur. Dans l'un et l'autre cas elles auraient été destinées à donner une position domi-

mains, dans une enceinte située sur le sommet d'une montagne, ne connaissent pas les *castella* ». Nous avons dit plus haut, moins durement, la même chose.

(1) Dans l'un des *castella* le rayon de courbure de l'arrondissement a été trouvé de 15 mètres.

nante aux machines de jet pour lesquelles il eût fallu sans cela élever des terrassements dont les talus forcément très développés auraient occupé trop de place.

Les portes, comme dans les camps passagers, étaient au nombre de quatre placées vers le milieu de chaque face de l'enceinte. Dans le *castellum* de Saalburg la porte décumane présentait deux ouvertures de 3^m,5o de largeur séparées par un pilier central de 1 mètre de largeur; la porte prétorienne était formée d'une seule baie de 3^m,22 de large. Dans le *castellum* de Holzhausen la porte décumane avait également deux ouvertures de 3^m,5o et le pilier central mesurait 1^m,32 de largeur.

Nulle part, excepté devant le *castellum* de Wiesbaden, on n'a retrouvé la trace d'un petit ouvrage défensif, d'un *titulus* comme l'appelle Hygin, destiné à couvrir les portes à l'extérieur. Le fossé était au contraire interrompu devant les entrées et la communication entre la campagne et l'ouvrage se faisant de plain-pied.

Mode de construction de l'enceinte. — L'enceinte était formée par un mur en maçonnerie contre lequel s'appuyait à l'intérieur un *vallum* en terre: un ou plusieurs fossés l'accompagnaient à l'extérieur.

Nulle part les murs ne se sont montrés dans leur hauteur primitive, ni munis de leurs créneaux. Mais en tenant compte du volume des débris et des dimensions des parties maçonnées qui subsistent à l'intérieur on peut les reconstituer[1] (fig. 20 *a* et 20 *b*). On trouve ainsi que leur hauteur depuis la berme jusqu'à la banquette formée par le *vallum* devait être comprise entre 2^m,3o et 2^m,7o. Au-dessus s'élevait le parapet proprement dit de o^m,83 de hauteur vis-à-vis de l'ouverture des créneaux et de 1^m,6o dans l'intervalle. La hauteur du mur était donc de 3^m,13 à 3^m,5o depuis la berme jusqu'à l'orifice des créneaux et de 3^m,9o à 4^m,3o depuis la berme jusqu'au sommet.

Son épaisseur dans la partie contiguë au *vallum* variait entre 1^m,65 et 2 mètres, et se réduisait notablement dans la partie qui formait le parapet; dans le *castellum* de Wiesbaden elle a été trouvée de o^m,58 à o^m,62.

[1] Cette reconstitution est basée sur des observations très ingénieuses; elle doit être acceptée comme une donnée très voisine de la vérité.

Les fondations du mur étaient entaillées dans le terrain naturel à une profondeur de quelques décimètres. Les assises de la base étaient formées par une maçonnerie en pierres sèches sur laquelle reposaient un ou quelques lits de pierres plates bien dressées que surmontait la maçonnerie avec mortier. Cette disposition caractéristique a été retrouvée dans toutes les enceintes de la frontière germano-romaine.

La largeur des créneaux variait notablement; d'après les pierres de recouvrement qu'on a retrouvées, elle aurait été dans certains cas de 0^m,61, de 1^m,15 dans un autre.

Le *vallum* en terre, placé contre la paroi intérieure du mur, formait tout autour une banquette dont on peut estimer la largeur à 3 mètres et sur laquelle on devait monter facilement par un talus incliné à un demi. Nous avons vu que sa hauteur au-dessus du sol environnant devait varier entre 2^m,3o et 3^m,7o [1].

Les fossés. — Les fouilles pratiquées en avant de l'enceinte des *castella* ont permis d'y constater la présence constante de un ou de plusieurs fossés triangulaires parallèles séparés entre eux par une digue de terre à profil également triangulaire et du pied de la muraille par une berme dont la largeur varie de 0^m,5o à 1^m,88 suivant les ouvrages.

Nous avons vu que dans les camps passagers les Romains n'employaient qu'un fossé. La présence dans quelques *castella* permanents de deux et même de trois fossés parallèles est donc un fait nouveau et intéressant. Cette disposition avait sans doute pour but de reculer le bord de la contrescarpe sans augmenter le volume du déblai, comme l'aurait exigé l'emploi d'un seul fossé de même profondeur: on sait en effet que le volume du déblai était limité par la condition de ne pas dépasser celui des terres employées à la construction du *vallum*. Le recul de la contrescarpe avait d'ailleurs pour but de tenir l'ennemi plus longtemps arrêté

1) M. de Cohausen conclut les dimensions du *vallum* de la distance trouvée, entre la rue du rempart et le mur d'enceinte. Son évaluation nous paraît très acceptable en ce qui concerne la hauteur de la banquette : mais il nous semble difficile d'admettre qu'un talus à un demi existait tout le long de l'enceinte. Le calcul des déblais et des remblais, en partant des dimensions retrouvées du fossé, s'y oppose en ce qui concerne le *castellum* de Wiesbaden. Il faudrait en conclure que le talus de banquette était tenu raide et qu'on ne montait sur le *vallum* qu'à l'aide de rampes disposées de distance en distance.

à bonne portée du trait. En outre l'obstacle formé par trois fossés successifs devait rompre plus efficacement la marche des colonnes d'assaut que ne l'aurait fait un fossé unique.

Les dimensions des fossés variaient avec les enceintes; voici quelques exemples:

Le *castellum* de Capersburg n'avait qu'un fossé de 4 mètres de largeur au sommet, sur 0ᵐ,90 de profondeur, séparé du mur par une berme de 1 mètre.

Le *castellum* de Gross-Krotzemburg en avait deux, semblables et triangulaires séparés par une digue de 2ᵐ,75 de largeur. Larges au sommet de 7ᵐ,60, ils avaient 2ᵐ,25 de profondeur. Une berme de 1 mètre les séparait de l'enceinte.

Le *castellum* de Wiesbaden était précédé de trois fossés triangulaires de 2ᵐ,50 d'ouverture sur 1ᵐ,57 de profondeur. Les digues qui les séparaient étaient également à section triangulaire. La berme avait 1ᵐ,88.

On voit que la profondeur des fossés était toujours assez faible: toutes celles qu'on a pu mesurer sont comprises entre 0ᵐ,90 et 0ᵐ,75¹. La largeur des fossés varie dans des limites assez étendues; mais, que les abords de l'enceinte fussent défendus par un, deux ou trois fossés, la largeur totale de l'obstacle ainsi constitué ne dépassait guère 18 mètres. M. de Cohausen fait remarquer que si on lui avait donné davantage, le bord du fossé extérieur se serait trouvé en dehors de la portée efficace du *pilum*.

Enfin le même auteur fait observer à plusieurs reprises qu'il n'a jamais rencontré la preuve que les Romains aient eu recours aux fossés pleins d'eau pour augmenter la force de l'obstacle, malgré la facilité que leur aurait fournie la position de certains *castella* et, suivant lui, il est permis d'affirmer que les Romains n'ont jamais employé l'eau pour renforcer leurs ouvrages de fortification.

Dispositions accessoires. — La disposition intérieure des *castra* et des *castella* permanents avait la plus grande ressemblance avec celle des camps passagers, telle que nous la font connaître Polybe et Hygin : l'ordre et la régularité présidaient à leur établissement.

---

1. Elle ne dépasse pas, par conséquent, celle des fossés les plus profonds des camps passagers.

Une voie continue régnait le long du *vallum*; elle correspondait à la *rue du rempart* de la fortification moderne. D'autres voies parallèles et perpendiculaires aux côtés de l'enceinte divisaient l'espace intérieur.

L'une de ces voies, parallèle au côté tourné vers l'ennemi, partageait le camp en deux parties principales, l'une destinée à l'installation des troupes, l'autre réservée au prétoire, à la questure et à quelques autres bâtiments, tels que magasins, bains, etc.

Dans les camps passagers la partie occupée par les troupes était la plus voisine du point d'attaque. On a pu constater qu'il n'en était pas toujours ainsi dans les *castella* permanents où l'on paraît leur avoir affecté la région la plus basse, celle où s'écoulaient les eaux grasses, suivant la remarque de M. de Cohausen. Comme on n'y a trouvé aucune trace de maçonnerie, on doit en conclure que les hommes étaient installés sous des baraques. Dans l'autre partie au contraire ces traces étaient nombreuses; c'est ainsi que dans le *castellum* de Wiesbaden on a retrouvé les substructions d'un portique, d'un atrium, du prétoire, de deux établissements de bains[1].

A propos du prétoire, qui occupait toujours le centre des *castella*, M. de Cohausen a soin de faire remarquer que jamais cet édifice ne s'est rencontré soit placé sur une surélévation du sol, soit entouré d'un mur ou d'un fossé. Rien ne permet donc de supposer, comme le veulent quelques archéologues, que le prétoire était le *réduit* de la position. On ne peut pas y voir l'origine des donjons qui caractérisent la fortification d'une époque plus récente.

Quelques constructions intéressantes à signaler ont été découvertes en dehors et à proximité du *castellum* de Saalburg.

En premier lieu une villa avec hypocauste, destinée sans doute à loger quelque personnage important. Puis à droite et à gauche de la voie romaine, près de la porte décumane, des rangées de caves de 5 mètres environ en tous sens qui devaient avoir été recouvertes par des poutres. On y accédait par des rampes et non par des escaliers, ce qui permet de supposer que les maisons dont elles faisaient partie avaient une longueur double. Ces maisons devaient être habitées par des mercantiles, — nous savons en effet, qu'ils s'établissaient ordinairement en dehors du camp et

[1] Sur différents points on a également retrouvé des latrines.

près de la porte décumane. — Elles étaient recouvertes en paille, car on ne trouve aucun débris de tuiles sur leur emplacement.

Enfin du même côté et à une certaine distance on a retrouvé un cimetière de la même époque.

La garnison. — Les *castella* de la limite rhénane différaient tous par leurs dimensions. D'après le développement de leurs crêtes qui variait de 72 à 920 mètres suivant une progression assez continue, on peut calculer que leur garnison variait de 1 à 11 manipules, soit 3 cohortes 2/3 dans ce dernier cas.

On n'a retrouvé jusqu'à ce jour que trente-six de ces *castella*; mais M. de Cohausen considère comme certaine l'existence de vingt-six autres; d'où il calcule, en tenant compte des garnisons des *castella* inconnus et des tours, que le total des troupes préposées à la défense de la frontière le long du Rhin supérieur était de 40,000 hommes; et, comme l'effectif des quatre légions qui, à l'époque de Trajan, occupaient la Germanie supérieure, était bien inférieur à ce chiffre, il en conclut que les Romains avaient recours aux cohortes auxiliaires et aux cohortes volontaires, qui d'après les inscriptions recueillies étaient en nombre considérable.

A l'appui de cette conclusion nous rappellerons le conseil donné à Auguste par Agrippa d'entretenir perpétuellement sur la frontière des soldats pris parmi les citoyens, parmi les peuples soumis et parmi les peuples alliés [1]. C'est en vertu de ce principe que les Ubiens avaient été placés sur le bord même du Rhin, pour être les *gardiens* du territoire [2].

Les camps retranchés permanents étaient tous, ainsi que nous l'avons vu, construits sur la frontière et quelquefois même au

[1] Dion Cassius, LII, 27. Agrippa ajoutait : « Il faut qu'ils soient continuellement sous les armes... Qu'ils aient des quartiers d'hiver établis dans les positions les plus favorables. »

[2] Tacite, *Mœurs des Germains*, 28.

C'est ainsi qu'à une certaine époque, les Burgondes auraient été préposés par Drusus et Tibère à la défense des *castra* de la frontière. Et c'est même de là que leur serait venu leur nom, parce qu'ils appelaient *burgum* les petits *castella* dans lesquels ils étaient répartis (Paul Orose. — Nous rappelons à ce sujet la définition de Végèce : *Castellum parvum quod burgum vocant* : — Le mot est resté dans la langue germanique et forme la terminaison de beaucoup de noms de villes, qui étaient sans doute fortifiées, exemple: Strasbourg. Il est intéressant de rapprocher de *burgum* le mot *bordj*, qui, en arabe, désigne aussi un ouvrage fortifié.

delà. Nous ne devons donc pas nous attendre à en trouver des traces dans l'intérieur de la France. Comme d'autre part ceux de la frontière transrhénane étaient presque tous situés sur la rive droite du Rhin supérieur, ce n'est plus que sur le littoral que nous pouvons rencontrer quelques vestiges de ce genre de fortification. Cependant les recherches faites jusqu'à ce jour sont demeurées infructueuses ; même les ruines de *Castra Constantia*, dont l'emplacement à l'embouchure de la Seine est certain [1], n'ont jamais été retrouvées, du moins à notre connaissance.

LES TOURS DU REMPART LIMITE, D'APRÈS LES FOUILLES.

On sait que les Romains faisaient usage de signaux de feu : les tours nombreuses répandues le long du rempart limite avaient surtout pour but leur établissement. Cependant toutes n'étaient pas placées d'une façon favorable pour cela : d'où l'on doit conclure qu'elles avaient encore une autre destination. En effet, beaucoup se retrouvent aux endroits où les chemins traversaient le rempart : là elles servaient de logement aux gardiens chargés de tenir fermées les barrières, pour ne les ouvrir qu'aux voyageurs munis d'une autorisation [2]. On sait, en effet, que les barbares ne pouvaient sans cela franchir la frontière.

Les tours de guet de la frontière transrhénane étaient semblables par leurs dimensions à celles de la frontière rhétique. Construites en maçonnerie, du moins dans la partie inférieure, elles avaient la forme d'un carré de 4 mètres de côté en général. L'épaisseur des murs mesurait de 0^m,70 à 0^m,80. On rencontre quelquefois auprès de petits tertres en terre, dans lesquels M. de Cohausen voit l'emplacement des bûchers qui devaient servir à remplacer les signaux que l'on faisait, sur d'autres points, avec des torches, lorsque les distances étaient trop grandes pour ces dernières.

On peut voir sur la colonne Trajane la représentation de ces tours

1. « Qui Matrona et Sequana fluentes per Lugdunensem post circumclausum ambitu insulari Parisiorum castellum, Lutetiam nomine, consociatim meantes protinus prope Castra Constantia funduntur in mare ». Amm. Marc., XV, 11.

2) Nous avons reproduit ici les appréciations de M. de Cohausen, sur le rôle des tours isolées en lui en laissant naturellement toute la responsabilité.

et de ces bûchers. Une torche allumée, sortant d'une ouverture de l'étage supérieur des tours, prouve bien que l'un des usages de ces dernières était de servir à la transmission des signaux. La destination des bûchers ne ressort pas aussi clairement. Ne pourrait-on pas aussi bien admettre qu'ils représentent des approvisionnements de pieux destinés à réparer les brèches de la frontière? Les meules de foin ou de paille qui figurent également sur la colonne Trajane correspondraient plutôt, suivant nous, à des amas de matières sèches préparés pour les signaux de feu.

Nous ferons remarquer, en terminant, que les tours isolées jouaient un rôle spécial et bien délimité dans la fortification romaine : elles étaient réservées à la défense des frontières où elles empruntaient leur force de résistance à la présence des *castra* et des *castella* établis en arrière. On ne saurait donc voir dans les *mottes* qui se rencontrent en si grand nombre *à l'intérieur* de notre territoire les restes d'ouvrages de cette nature ; c'est, comme nous le montrerons, à une époque plus récente qu'il convient de placer leur construction.

Nous sommes arrivé au terme de notre étude sur la fortification romaine et par conséquent gallo-romaine. Pour en finir avec les enceintes qui ont pu être élevées en Gaule pendant cette époque, il nous suffira de faire remarquer que ni les Huns, ni les Goths, ni les Francs, ni aucune des nations enfin qui envahirent notre territoire ne fortifiaient leurs camps. Pressés trop vivement, ils ont pu, pendant la lutte, élever des obstacles à l'aide de troncs d'arbres[1], ou encore se faire un rempart de leurs chariots rangés circulairement[2], — tel était le fameux camp d'Attila[3], — mais jamais, que nous sachions, ils ne campèrent à l'abri d'un retranchement. On ne peut donc leur attribuer aucune de nos vieilles enceintes en terre.

Nous avons montré, d'autre part, qu'on ne saurait que très exceptionnellement voir dans ces enceintes ces restes d'ouvrages élevés par les Romains ou les Gallo-Romains.

Il n'en n'est pas de même des enceintes préhistoriques et des

1) Amm. Marc., XVI. 11 ; Grég. de Tours, II. 9.
(2) Amm. Marcellin. XXXI. 12.
3) Jornandès, *Hist. des Goths*, XXXVI.

oppidums gaulois que nous avons décrits dans une précédente étude : les unes et les autres ont laissé de nombreux représentants sur notre sol.

Mais bien plus nombreuses sont les enceintes d'un genre tout différent que nous n'avons pas eu l'occasion de rencontrer jusqu'ici. Construites en terre et reconnaissables à leur petitesse relative, à leur assiette naturellement forte, à l'irrégularité de leur tracé toujours adapté au terrain, et à leurs retranchements multiples, elles sont caractérisées surtout par la présence de une ou de plusieurs mottes élevées en général sur le point culminant de la position. Ces enceintes, comme nous espérons le démontrer, sont d'importation étrangère : elles datent de l'arrivée des Normands en France. C'est sur leur modèle qu'ont été construits plus tard, vers le XII⁰ siècle principalement, les châteaux forts en maçonnerie avec enceintes multiples et donjon.

Cependant dans l'intervalle de plusieurs siècles qui sépare l'arrivée des Normands de la période gallo-romaine la fortification continue à jouer un rôle important. Les villes trop à l'étroit dans leur enceinte construisent autour de leurs faubourgs des murailles nouvelles dont les caractères ne diffèrent pas sensiblement des anciennes. En dehors de la fortification des villes, des enceintes exclusivement militaires sont élevées par le roi et par les grands vassaux : consistant généralement en un retranchement unique en terre que surmontent une palissade et quelques tours en bois, elles paraissent avoir eu une importance relativement peu considérable.

Telles sont, avec celles qui nous viennent des Normands, les enceintes qui nous restent à décrire. Ce sera l'objet d'une troisième étude. En attendant qu'elle paraisse, il nous a paru utile d'en donner les conclusions, quelque succinctes et générales qu'elles soient, afin de guider dans leurs recherches les archéologues qui s'intéressent à la fortification antique.

ANGERS. — IMP. A. BURDIN ET Cⁱᵉ, RUE GARNIER, 4

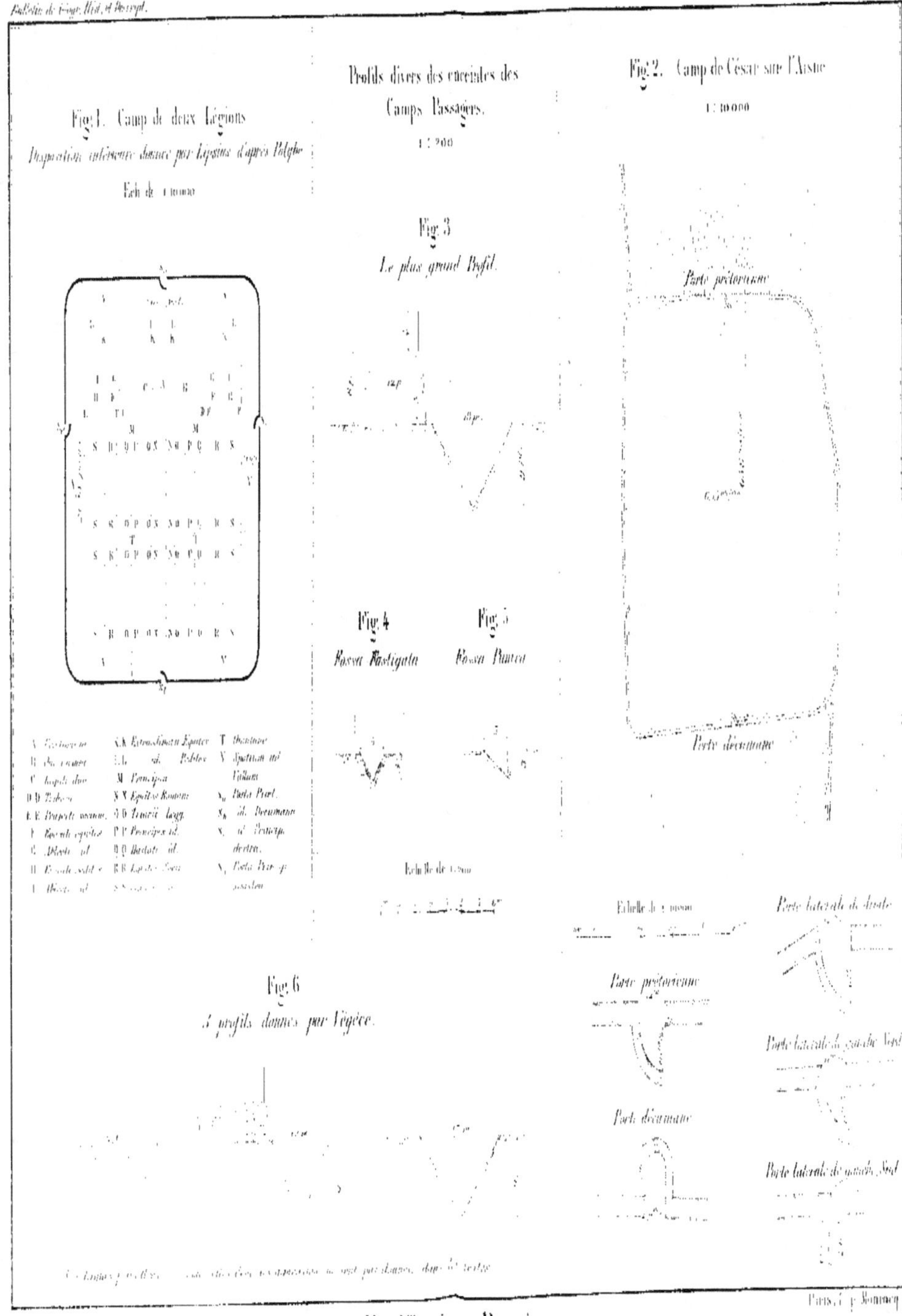

Fortification Romaine

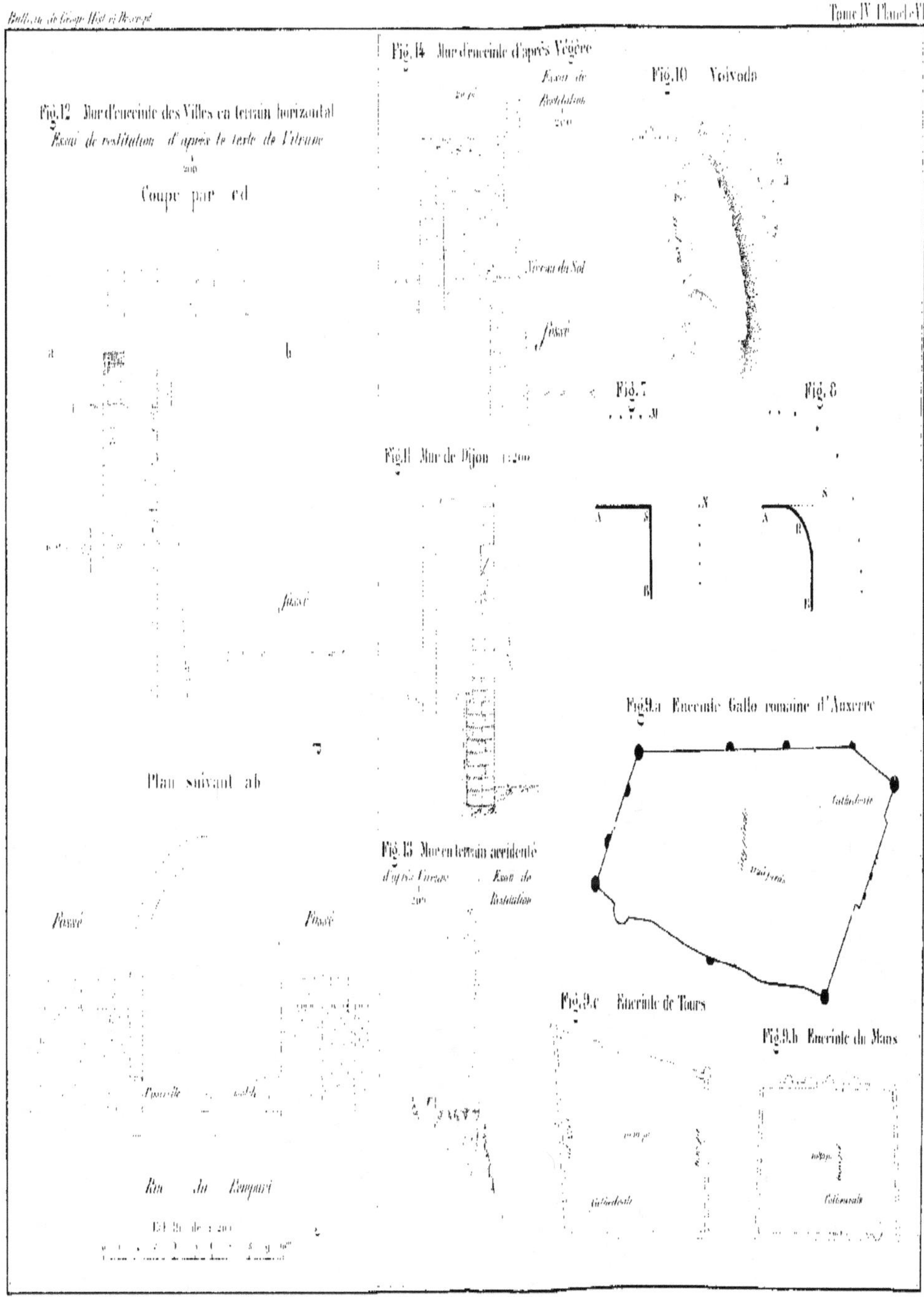

Fortification Romaine

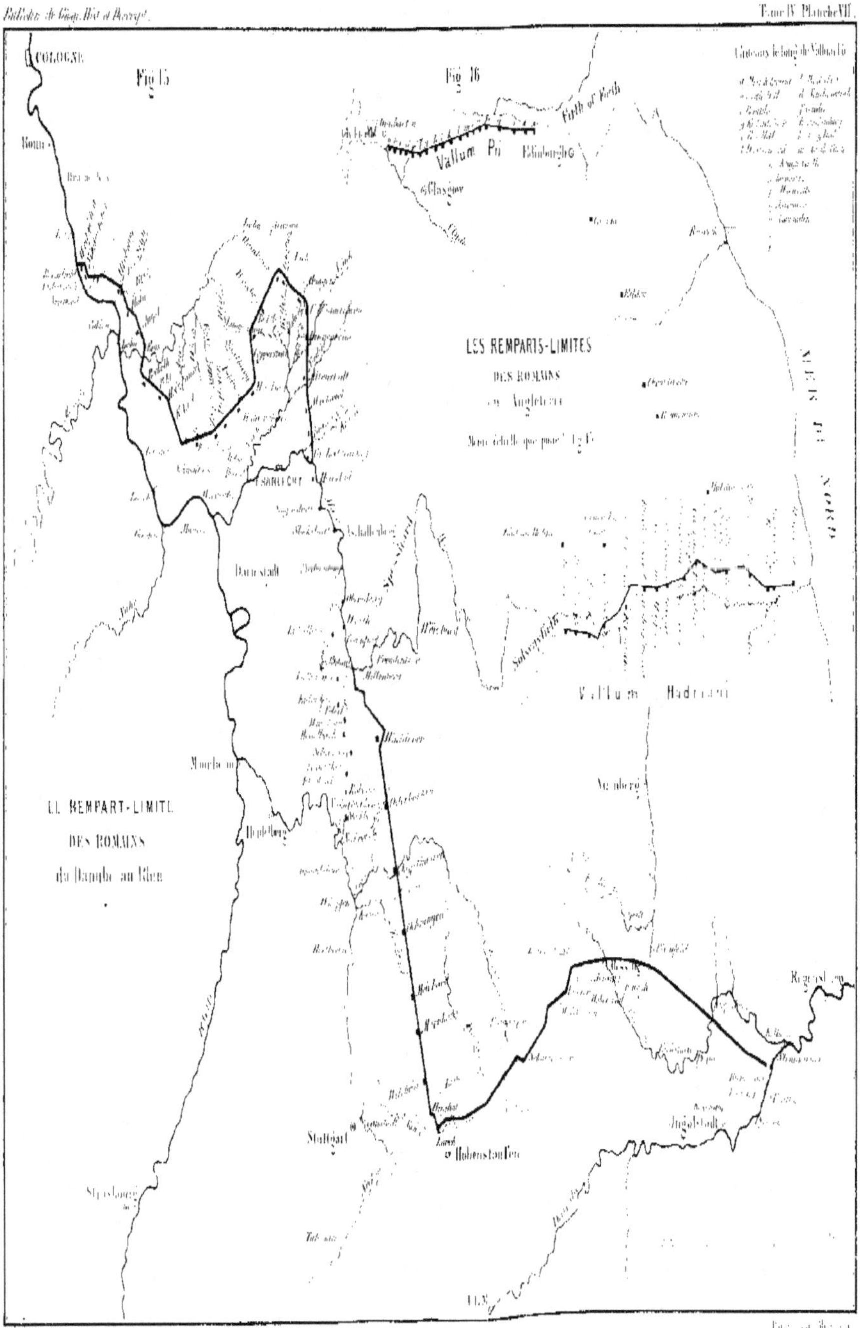

Fig 15

Fig 16

COLOGNE

Bonn

Vallum Pii

Edinburgh

Firth of Forth

Glasgow

Clyde

Châteaux le long du Vallum Pii

LES REMPARTS-LIMITES
DES ROMAINS
en Angleterre

Même échelle que pour la Fig 15

LE REMPART-LIMITE
DES ROMAINS
du Danube au Rhin

Vallum Hadriani

Darmstadt

Mannheim

Heidelberg

Nuremberg

Stuttgart

Strasbourg

Lorch

Hohenstaufen

Regensburg

Ingolstadt

Fortification Romaine

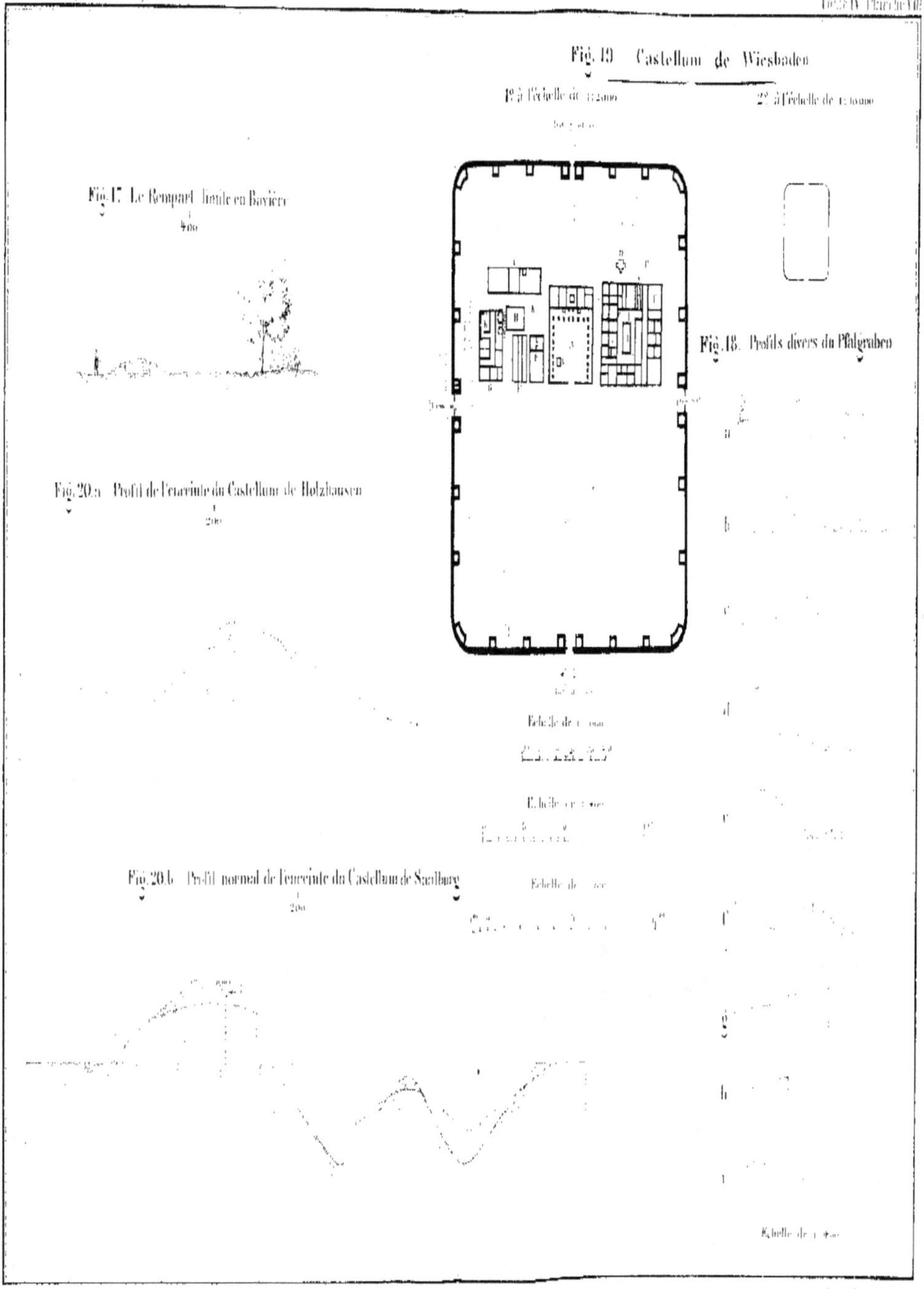

Fig. 19. Castellum de Wiesbaden

1° à l'échelle de 1:2000   2° à l'échelle de 1:10000

Fig. 17. Le Rempart limité en Bavière

Fig. 18. Profils divers du Pfahlgraben

Fig. 20.a Profil de l'enceinte du Castellum de Holzhausen

Échelle de 1:100

Échelle de 1:100

Fig. 20.b Profil normal de l'enceinte du Castellum de Saalburg

Échelle de 1:100

Échelle de 1:400

Fortification Romaine

Fig. 21 Profil normal du mur d'Hadrien

$\frac{1}{400}$

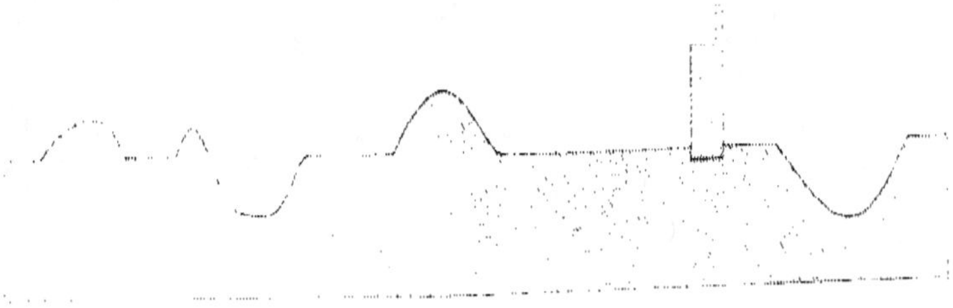

Fig. 22 Profil du rempart d'Antonin

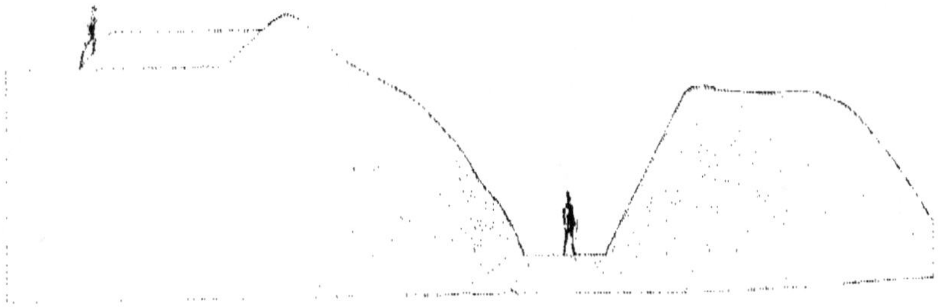

Échelle de 1:400

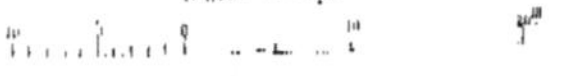

Fortification Romaine

Paris, Imp. Monrocq

ANGERS, IMP. BURDIN ET Cie, RUE GARNIER, 4